同学年卒業式
Graduation ceremony

卒業式後、

保護者と謝恩会

向山・板倉・師尾

みんな 若かった！

２７年前平成４年頃

手つき鮮やかな向山

大阪法善寺横丁の水掛不動尊
Hozenji Temple（Mizukake Fudo-son）

東京が大雪

作文通信教育会議
Correspondence education meeting for essay.

板倉の長くつに注目（大阪）

令和に入った3人

高速閉鎖で浅草に行かれず

品川プリンス38階の鮨屋
Sushi restaurant 38th floor in Shinagawa Prince Hotel

一度に10冊位は購入！

本屋が大好きな向山
He likes books.

月に1度の3人会

浅草みよし
Restaurant Miyoshi Asakusa

壁に金魚が泳いでいる店（浅草）
Goldfish swim in the wall at store.

嬉しそうに資料を見せる板倉。

第1章

第2章

第3章

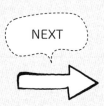

NEXT

板倉解説の書籍一覧

第4章

第5章

第6章

他にもたくさん
読みました。

似顔絵が可愛すぎる？
だって、私が描いたん
だもの。

いい内容だよ！
だって、俺の
実践だもの。

バックボーンが深い
だって、向山実践だもの。

この目で見た
向山実践と
バックボーン

● 向山学年団の証言

共著

師尾 喜代子　向山 洋一　板倉 弘幸

騒人社

● まえがき

　私は、高校時代から学生運動に身を投じ、教師になってからは、「教育技術法則化運動」を立ち上げ、2000 年からは TOSS（Teacher's Organization of Skill Sharing）に移行し活動している。

　大学まで、教師になることは、全く考えていなかった。大学での教育実習で、「教師」の仕事も悪くないと感じ、授業を重ねていくうちに、面白くなり、人生をかけてもよいと思うようになった。

　今、歴史に残る感染症コロナによって、様々想定を超える状況になっている。TOSS の年間 1500 会場を超えるセミナーもすべて中止となったが、TOSS 教師たちは、オンラインを駆使し、いつの間にか新しい学びの場を作り上げていた。

　「TOSS を作ってよかった。」と言うのが、昨今の心境である。

　教師になり、石黒、井内とたった 3 人でサークルをし、それが瞬く間に教育運動として広がった。そこには多くの人との出会いがあり、今に続いている。

　今回共著の板倉先生は、向山の一番弟子として、初期のころから行動を共にしてきた。教材開発も先頭に立って動いてきてくれた。

　一方、師尾先生はいつの間にか、様々な仕事を受け、著書も出していた。退職後も出版社で、自由にかつ精力的に仕事をしている。30 年前、TOSS の教師、板倉・師尾の二人が向山と同学年を組むという奇跡に恵まれた。今、こうして向山の実践を 3 人で本にまとめる機会を得た。

　教師の仕事は面白く、教師修業は果てしがない。だから、やりがいがあることをこの本を通じて伝えたい。

も く じ

まえがき　　　　　　　　　　　　　　　向山洋一

この目で見た向山実践　　向山の一言　　板倉解説

■**第1章　出会い** ･･

Episode 1　キーワード　分析批評

1　分析批評教えてください ･･･････････････････････････ 2

1　教師がどれほど勉強しているか分かる言葉だった ･･･････････ 4

1　向山実践の原点は中高の国語授業だった ･････････････ 5

■**第2章　学年団始動** ････････････････････････････････････

Episode 2　キーワード　漢字指導・学習システム

2　学習システムを初めて意識した ･････････････････････ 10

2　学年で細かく相談はしない ･････････････････････ 14

2　向山氏は、漢字指導への問題意識をもち、提案してきた ･････ 15

■**第3章　壁のない学年** ･･････････････････････････････････

Episode 3　キーワード　討論

3　討論の授業が、その後の授業の骨格となった ･･････････････ 20

3　学年団が組めばダイナミックな実践ができる ･･･････････ 23

3　向山氏の討論の授業のバックボーンは広くて深い ･･････････ 23

■第4章　向山型国語 ···

Episode 4　　キーワード　戦争教材（石うすの歌）
4　向山先生の衝撃の授業を参観した ·············· 32
4　授業の背景には向山が青春をかけた日々があった ·········· 33
4　向山氏の授業は、語りの巧みさで感動を与える ·············· 34

Episode 5　　キーワード　起承転結の指導（桃花片）
5　教科書を教えるのではなく、教科書で教える ·············· 38
5　教科書の一行空けにはこだわらない ··············· 41
5　向山氏は、昔読んだ本の一節を覚えている ····················· 42

Episode 6　　キーワード　要約指導（オゾンがこわれる）
6　要約指導のポイントが見えてきた ··············· 45
6　要約と感想は違う ·················· 45
6　向山氏の要約指導は3つある ···················· 46

Episode 7　　キーワード　教材と葛藤する（たかの巣とり）
7　授業は、教材と葛藤した痕跡が残る ··············· 50
7　子供の成長は、教師の力量に規定される ················· 53
7　教材を分析し格闘する ···················· 53

■第5章　向山型体育 ··

Episode 8　　キーワード　跳び箱指導
8　向山先生の言葉に救われた ···················· 58
8　誰でも跳び箱は跳ばせられる ···················· 59
8　跳び箱実践は、ドラマと論争をもたらした ··················· 60

Episode 9   キーワード　マット指導

9　ポイントは踏み切る足にあった ················ 64

9　多くの指導法を知っていて初めて選択ができる ········ 66

9　運動学や運動心理学の知見がある ·············· 66

Episode 10   キーワード　プール（水泳）指導

10　息を切らすほど泳がせる ··················· 70

10　泳ぎが得意でなくても、優れた指導はできる ······· 75

10　安全と運動量の確保がある ················· 76

Episode 11   キーワード　なわとび指導

11　上達のシステムと威力がすごい ·············· 79

11　高校時代は、荒縄でなわとびをしていた ········· 80

11　向山式には原理とシステムがある ············ 81

■第6章　学校行事―運動会・学芸会 ···············

Episode 12   キーワード　運動会

12　極意はシンプルにしつこく ················· 86

12　個別評定で格段に上手くなる ··············· 94

12　評価・評定をきっかけに意欲を引き出す ·········· 95

Episode 13   キーワード　学芸会1―演技指導

13　オーディションで半分は出来上がり ············ 98

13　原点は渡辺静穂先生の演劇指導にある ········· 100

13　最先端の演劇理論に支えられていた ··········· 100

Episode 14   キーワード　学芸会2―オーディション

14　緊張、笑い、そして変化する ··············· 103

14　個別評定で上達し、やる気を引き出す ·········· 104

14　学芸会は、舞台に立つこと以上の教育効果はない ····· 105

■第7章　２７年後の学年会 ………………………………………

学年会１　スタニスラフスキーと『ガラスの仮面』 …………… 110

学年会２　日本教育新聞のアンケート回答 ……………………… 111

学年会３　全国各地へのサークル訪問の構想 …………………… 112

学年会４　名取監督との談話と永遠不滅の雪小学年会 ……… 113

学年会５　板さんの『脳トレ絵本はじまり物語』行商記 …… 114

学年会６　懐かしの音読詩集 ……………………………………… 116

あとがき　　　　　　　　　　　　　　　板倉弘幸

　　　　　　　　　　　　　　　　　　　師尾喜代子

資料一覧
　＜資料１＞　学年通信　ウェイ No.1　1992. 4. 9 …………………… 18
　＜資料２＞　研究通信 …………………………………………………… 29
　＜資料３＞　平成２年度　研究通信 45 号　向山提案文書 ………………… 30
　＜資料４＞　学年通信　アバウト No.29　1991.3.6
　　　　　　　　師尾の "負けるもんか"
　　　　　　　学年通信　アバウト No.28　1992. 1. 30
　　　　　　　　師尾の "負けるもんか" …………………………………… 49
　＜資料５＞　学年通信　アバウト No.24　1990.11. 26
　　　　　　　　努力賞　きょうりゅう ……………………………………… 55
　＜資料６＞　色紙　ロマンを求め、夢を追え！　向山洋一 ……………… 56
　＜資料７＞　三内丸山遺跡見学　1997. 10. 5 ……………………………… 63
　＜資料８＞　職員旅行の宴会 …………………………………………… 69
　＜資料９＞　学年通信　No.15　1990. 6. 1　　なぜ阿波踊りか …… 84
　＜資料10＞　阿波踊り　1996 年　師尾学級　３年生 …………………… 97
　＜資料11＞　学年通信　アバウト No.23　1990.11.5
　　　　　　　学芸会　タイムワープ ……………………………………… 102
　＜資料12＞　学年通信　ウェイ No.2　1992. 5. 1
　　　　　　　教員室のひとこま　メダカの話 …………………………… 108
　＜資料13＞　シンガポール視察　2013. 11. 10 …………………………… 117

第 1 章

出会い

Episode 1  キーワード **分析批評**

「この目で見た向山実践」1

> 転勤先は、向山先生が勤務している学校だった。転勤して半年、やっとの思いで、「分析批評を教えてください。」と声をかけた。

1 出会うまで

友達が「かくれ法則化」だったことが、向山先生を知るきっかけになった。「分析批評」のことも、私より１０歳も若いその友達が教えてくれた。

友達は、教育雑誌だけでも、毎月、１０冊以上を購入していた。向山先生の論文を、探しだし、その多くを読んでいた。そして、書かれている内容をよく覚えていた。私は、言葉の端々に、その友達の確かな実力を感じ、少しずつ、教師修業を意識し始めていた。

３月下旬、転勤先が発表された。私の、

「大田区雪谷小学校ですって。」

の声に、友達は、大きく反応した。

「えっ！　向山先生のいる学校ですよ。僕が行きたい。」

「えっ！　向山先生のいる学校！　私（師尾）、行きたくない。（調布大塚小が頭をよぎり）、学校中で研究に取り組むなんて、私はついて行けない。」

その日から、私の「雪谷小学校」の調査が始まった。大田区の友達に電話をかけ、向山先生のうわさの聞き込みにかなりの時間を費やした。これと言って、悪い噂も、こわい噂も無かった。一番心配していた、学校ぐるみの研究もないようだった。

かくれ法則化の若い男性教師が二人いたおかげで、向山情報はそれなりにもっていた。その二人は、私をうらやんでいたが、私は、興味はあったが、そんな研究熱心な人にはあまり近づきたくないというのが、本音だった。

2 動く向山先生を見る

向山先生の勤務していた雪谷小学校に赴任した日のことは、今も鮮明に

2

記憶に残っている。

　４月、前日出勤の日。教員室の前の席から、挨拶をした。見渡しながら、しっかり向山先生を確認した。

　学校は児童数が６００名を超す規模で、教員室には、５０名近くの職員が立っていた。その後ろの方にひと際大きい向山先生を見付けた。と言うか、一人だけ目に飛び込んできた。

（あっ、写真と一緒だ。）

　本物の向山先生をはじめて見た瞬間だった。

　歓送迎会のたびに、前述の友達から、
「向山情報、向山情報。」
とせがまれても、会話すらもてずに、向山先生は、盲腸と腹膜炎を併発し、入院してしまった。

3　分析批評を教えてください

　向山先生と会話をもてたのは、転勤して半年、秋風が吹く季節になっていた。

　印刷室から出てきた向山先生に、私は、緊張しながらやっとの思いで、口を開いた。

「分析批評を教えて頂けますか。」

　怖い物見たさと向山情報をせがむ友達のためでもあった。向山先生は、快く承諾し、後日、時間のある時に、教えて頂けることになった。その後は、時々、話を聞く機会を得た。向山先生の話は、楽しいだけでなく、いつも心に残った。

　向山先生の日常は、本を読み感じた印象とは大きく違っていた。いつも穏やかで、物静かな印象さえした。話し方は丁寧で上品だった。自分の人生で出会った中で突出した上品さだった。それは、師尾に対してだけではなく、もちろん校内の先生方や子供達に対してでもそうであった。

キーワード： 分析批評

年度の終わり、
「向山先生と同学年で勉強したい」
と、学校の教務主任をしていた先輩女教師に相談した。仲良しの同僚は、
「迷うことなく、そうするべきだ」
と答えてくれた。

向山の一言1

「分析批評」という言葉は、教師がどれほど勉強しているか一瞬で分かる言葉だった。

　出会いは分析批評だった。
　師尾先生と出会った1年目は、教員室で背中合わせ、お尻あいの仲だった。
　前任校で、かくれ法則化の先生がいて、向山のことを知っていたようだ。その先生たちにサインがほしいと言われ、色紙にサインしてあげたことがあった。
　また、盲腸（虫垂が破裂し腹膜炎に、さらに大腸炎を併発し、緊急手術が6時間に及ぶ。切開手術が1か月で3回。）で退院してしばらく経ったころ、印刷室を出ると、
「分析批評を教えてください。」
と師尾先生に声をかけられ驚いた。当時「分析批評」という言葉は、教師として、どのくらい勉強しているか、一瞬で分かるほど、インパクトのある言葉だった。
　そして、出会った年度の3月、担任希望を出す時に、師尾先生は、
「どうしたら、向山先生と同学年を組ませてもらえますか。」
と教室に聞きに来た。
　私は、
「向山も5学年を希望しますから、師尾先生も5学年を希望すれば可能性はあります。女性で、高学年を希望する人はいないと思いますから。」
と答えた。私の読みはあたり、師尾先生と同学年を組むことになった。

分析批評の向山実践は、中学、高校の国語の授業の体験が、
原点であったと思われる。

　向山氏と師尾氏を出会わせた一番のきっかけは「分析批評」であった。
師尾氏が向山氏に真っ先に教えを乞うた分析批評とはどんなものであったのか。

1　分析批評に至る道のり

　向山氏の分析批評は調布大塚小の校内研究の真摯な取組から始まった。

　向山氏は分析批評に出会う前、国語授業の骨格は次の２つにあると考え
ていた。

　①授業は論争の形になることをあこがれる。

　②その論争には、言葉の根拠がつきまとうべきである。

　それは、当時の社会科授業でも同様であった。

　向山氏新卒一年目の研究試論「視聴覚教育研究協議会への中間報告」に
も次のように記されている。

　　「私たちは、社会科学習の中において、認識の転換をもたらす教授様式
　は討議（話し合い）の状態が最も望ましいと考える。それぞれの子供が
　それぞれの考えをぶつけ合う事によって、それぞれ別の道を通りながらひ
　とつのあるいはいくつかの結論に到達できる教授様式は他にはあるまい。」

このような向山氏の考えがいつ頃形成されたのか、定かではないが、おそ
らく教育実習の時代に生まれたと向山氏は述べている。

　教育実習生時代に「大造じいさんとがん」の授業をした。いくつもの授
業記録を読み、そのとき、日生連の深沢義旻氏　著書 註１『教育実践と文
化の創造』に収録されているすぐれた授業記録に出会う。

　その書籍の第２章「教室工場」に「小屋をかける」など、多様な「かける」

の言葉の意味の違いを討議させる大変すぐれた授業
があった。向山実践の子供を熱中させる「かける」
の授業は、そこからヒントを得ている。

　そういう時代の中で、向山氏には、「討論の形にあ
こがれる」と「言葉を根拠にする」という思いがあっ
た。だから向山氏の授業は荒っぽかったと自身が語っ
ている。

　一つの教材の中で大事なポイントであると判断し
た事柄について、子供に意見を聞く、意見が違うと
ころについて論争する、という形の授業が、大森第
四小時代の向山氏の一般的なスタイルであった。

　その中でどうしてもできなかった授業が、宮沢賢治の「やまなし」であっ
た。教材文を読んでも、指導書を読んでも何を言っているか分からなかっ
たという。いろんな研究団体に行き話を聞いたが、子供達にどのように授
業すべきか見えてこなかった。国語の授業で扱われている「やまなし」の
授業は、どこか違和感があり、腑に落ちなかった。

　こうした課題が、「やまなし」の討論や評論文の実践へとつながったと考
えられる。

2　分析批評との出合いと原風景

　向山氏は、次の勤務校である調布大塚小で、校内研究の講師であった井関
義久氏と著書　２『批評の文法』に出合った。

　向山氏は、初め、井関氏の話の内容が気がかりであっ
たという。

　次に、井関氏の著書にたいへんショックを受ける。
一つの作品を分析・解剖する時に、手がかりになる手
続きが存在することを知り、それを使いこなす高校生
の作文にショックを受けた。さらに、６月の授業参観
でも「白いぼうし」で視点の授業、「小さな牛追い」

で二文対比を授業して、向山氏は分析批評の授業に確かな手ごたえを得ていた。

　私は、向山氏がこのような反応を示したということにまず驚かされる。他の教師は、だれもそのような問題意識はもたなかった。向山氏には、井関氏の指導の意味をすぐ理解する何かしらの要素をもっていたのである。つまり原風景があったのではないかと考えた。

　向山氏の中学、高校と最も得意な教科は数学、一番好きな教科は国語であった。国語の授業態度は、常に教師への質問に終始したという。

　中学校では、1年は大木先生に習う。とにかく面白い先生で、授業中はいつも笑いがあった。後に障害児教育の仕事に移られた。中2は気品のある女性の平井八重先生（後に上海師範大学教授）で、知的な授業の雰囲気という印象が強かった。中3が清水先生。作文をよく書かせて、きれいなガリ刷りの文集を作ってくれたと振り返っている。

　ある時、清水先生が学級全員の机上に文庫本を配った。向山氏の机上には『五重塔』が置かれていた。はじめは難しく、とっつきにくい文章だったが、読むうちに面白くなってきた。この清水先生の国語の授業は、今でも思い出深く、そのような授業があってもよいと思ったという。

　中学の平井先生との出会いは、産休代替の国語教師として中学校に赴任したわずか4か月の期間だけであった。

　当時中学2年の向山氏は、平井先生が教室に初めて足を踏み入れた時に一番印象に残った少年であったという。いがぐり頭で、向日葵のような明るい印象であったと、平井先生は鮮明に覚えていて後に、（平井先生が）そのことについて語っている。

　高校1年では、鵜川昇先生（後に桐蔭学園理事長）に、桑原武夫の「第二芸術論」について問題提起した覚えがあるという。そして大学では、安良岡康作先生（著書『国語教育試論』）に、質問を集中させていった。

　向山氏は高校時代、分析批評の名付け親である小西甚一氏の『古文研究法』を熱心に読んでいた。

　後に、中学高校時代の先生をふり返ったとき「気持ちや心情を問う授業」をする教師と出会わなかったことに気付いたと向山氏は回想する。

3 「読む」ことの重視は、国語教育の基本

　分析批評の実践が素晴らしいとはいえ、向山氏の国語授業の基本は、読むことであった。

　向山洋一映像全集制作のため、谷和樹氏の撮影取材に同行した時のことである。谷氏はカメラに向かい、〝春の授業〟について詳細に分析解説をされた。その中で、特に印象に残ったのは「向山先生は、一行詩を何度も読ませる。きちんと読ませることをとても大事にされている」という趣旨の谷氏の発言であった。

　確かに授業記録を読むと、４０分の授業のうち１０分以上が読みの時間に当てられていた。この「読み」を大切にするのは「春」に限ったことではない。「夜のくすのき」という文芸研大会の指定教材を扱ったときにも向山氏は、「教材文をすらすらとしっかりと読めるようにすること」「これは国語授業の出発点である」と主張している。また、たった一度きりの１年生担任時代、向山氏が国語授業でしたことは「何回も読ませた」「文字をしっかり教えた」に尽きるとまで断言していた。

　これと全く同意の事を国学者の本居宣長が江戸時代に主張している。「姿は似せ難く、意は似せ易し」と。姿を言葉に言い換えると「言葉が第一で、意味は第二である」という意味になる。

　この内容については、「批評の神様」と称された小林秀雄が 注3 『考えるヒント』で詳細に述べているので参照されたい。

　つまり、文章の意味理解は子供の解釈にまかせるしかない（個人差があるから）、任せてはいけないのは、形つまり文、文章どおりにすらすらと読むことであり、一字一句おろそかにしないで読むということである。形を変えて読んでしまったなら、意味理解の誤りを作ってしまうからである。

注3

考えるヒント
小林秀雄

卓抜な発想力
ゆるんだ脳を刺激せよ
徹底した思索
センター試験出題で話題沸騰中の著作が今

第
2
章

学年団始動

キーワード　**漢字指導・学習システム**

この目で見た向山実践２

新年度第１回の学年会は、教材研究の時間で、向山先生から、漢字指導について指導してもらった。「学習システム」について初めて意識した。

1　学年団始動（＊板倉先生と組む前の４クラスの学年）

多くの教師に

「向山先生と同学年を組むなんて、プレッシャーすごいでしょ？」

と聞かれた。向山先生と同じ立ち位置にいるから、「プレッシャー」という言葉が出てくるに違いない。対抗しようという気持ちがない私は、なんのプレッシャーもなかった。

正直に言うと、言葉には出さなかったが、自分のクラスの子供達には、「私のクラスになっちゃってごめんね。」という気持ちはあった。だって、わが子に置き換えれば、やはり向山学級で鍛えてほしいと思ったからだ。

しかし「人生とはこういうもので、出会いというのもこういうものだ」という開き直りに似た気持ちで、向山先生と同学年を始動した。

向山先生と同学年を組んだ１年目は、５学年４クラス、向山先生 (主任)、３０代男性・２０代男性・師尾（女性）でスタートした。

2　前日出勤　４月５日の向山先生の動き

＜朝＞教室移動

担任が決まり、教室が決まり、教師の荷物を移動する時間があった。

向山先生は、本、書類など、１トン車１台分ぐらいの荷物を教室に運び込んだ。さすが仕事師。もちろん学校中で一番多い。教室に入るだろうかと思われるほどあった。

「転勤してきた時には、２トンのトラックだったわよ。」

と聞かされた。話は、何が真実か分からないほど大きくなっていくものだ。

しかし、後日、向山先生が、１０年前の必要な資料を、その中からすぐ取り出した時には、すごいと思った。その大量の荷物はどれも貴重なものだということもよく分かった。

＜昼＞昼食の出前

　昼食を注文した。向山先生の注文は、カレー南ばん、たぬきそば（自分で「とも喰い」と言われた）だった。どちらから食べた方がいいか、ちょっと悩む様子が、立派な向山先生を身近に感じた。

　「私なら、カレー南ばんから食べます。たぬきそばの方が、すこしさっぱりしているでしょ？」とアドバイスまでした。向山先生は、アドバイスと関係なく、たぬきそばから食べた。２杯を８分で食べ終わる。

＜夜＞さっそく４人で学年会

　新宿へ向かったが、高速が混み、降りたところが赤坂だった。土佐料理の名店に連れていってくれた。

　飲むの、なんのって、ビールを浴びるほど。仕事の関係か、行きつけの料理屋は、数知れないらしい。飲めば、飲むほど、教育の話を熱く語る。料理が目に入らぬほど、教育の夢を語る。

　私はもちろん、海老をひとりじめ。車海老を４人分食べたので、この学年で頑張る決意をした。

3　学年だより「アバウト」

　「学年だより」の名は、その名も『アバウト』である。若い３人（私も含む）が、何をやっても自由、主任（向山先生）は見守るだけ。何でも発言させ、最後までじっくり聞く。こうるさい、細かな男性が多い昨今、なんと、見かけどおりの太っ腹。私たち３人は、まことに自由に動きまわり、見守られている毎日なのである。

学年通信『1990.4.21. No.6』の出会いの向山先生の文章を一部紹介する。

> 始業式の日、子供達に話す時間は、5分ほどしかありません。
>
> すぐに、入学式の受け付けが始まるからです。
>
> 体育館の横に、子供達を連れていき、すわらせました。
>
> 子供の名前を読みあげます。返事のおかしい子は、私がまねをしてみ
> せました。笑いが起こります。もう一度名前をよびます。
>
> 今度は、ちゃんと返事をしました。
>
> 小さなことですが「出会い」の「けじめ」です。

出会いから、たくさんの驚きと教えを頂いた。

4 第1回学年会〈4月16日〉―漢字指導・音読指導他

資料、その他を重ねて、20センチほどかかえて、向山先生が、私の教室に入ってきた。学年会の記録をするとのことで、児童机4つのまん中に、テープレコーダーが置かれた。スイッチを入れ、

「平成2年4月16日、正式な学年会の第1回目である。机の上には、紅茶と少々のおかし……。」

気どって、話しはじめた。3人が、あっけにとられているうちに、教材についての話が始まった。

国語の漢字指導法と、それに関わる教材として、あかねこ漢字スキルの活用の仕方について説明してくれた。

「子供達に、漢字を覚えるシステムを教えることです。それさえ教えれば、子供達は、自主的に、しかも、確実に、力をつけていきます。」
と一言。

音読は、単元の題の下あたりに、小さな○を10こつけさせる。そして、1回読んだら、その○を1つぬっていく。家庭でもよし、学校でもよい。漢字同様、これも、自学できるシステムだと納得した。努力が目に見えることも効果的だと思い、さっそくやってみようと思った。

算数は、定規を使わせる。計算の線も必ず、定規を使わせていくとよいとのことである。きちんと線がひけるようになれば、成績アップとか。ほんとうかなと私は半信半疑。とりあえずやってみようと思った。

　練習問題などは、できたら、必ずチェックさせる。まちがったところは、消さずに、もう一度やり直しさせる。１ヵ月に１回は、ノートを調べてやる。

　などなど、惜しげもなく、いろいろ教えてくれた。ひとつひとつの学習のさせ方が、論理的だと、あらためて納得した。

　若い２人からは、賛同の声、質問の声。着々と回るテープに記録されているのだろう。

　話が一段落したところで、紅茶をこぼしてしまった。３人は、口をそろえて、

　「わるいんだー、師尾先生が、今、紅茶をこぼしました。」

と、テープにふきこむ。

　２時５０分から始めた学年会は、白熱のうち、３時５５分に終わった。

　「ちょっと、聞いてみよう。」

と、向山先生が、テープをまきもどし、再生した。

　「入ってない・・・入ってない・・・。」

　天下の向山先生が、かんたんなスイッチミスをしたのだった。白熱したやりとりも、私のかじったせんべいの音も、何も入ってない。

　教室を出て、廊下を歩く向山先生の背中がさびしそうだった。

キーワード： 漢字指導・学習システム

向山の一言2

学年会で、細かく相談のようなことはしない。
授業に関わる教材研究や指導法の検討の時間に充てていた。

学年会はほとんどやりません。

朝の職員の打ち合わせの後に、連絡事項などは済ませてしまう。運動会の児童の係などもその場で人数を割り振り、各クラスに割り当てる。行事などのクラス輪番の挨拶なども、机の上に行事の度に順番を書き入れておけば、1分とかからない。学校の仕事は、検討するようなことはほとんどない。

学年会で勤務時間を超えるという話を聞くが、信じられない。

学年主任が、提案したり、役目を割り振ったり、機能的にリードすべきだ。なんでも相談するような無駄な時間を減らせば、教師の勤務時間内ですべて終わらせることができる。

その代わり、勤務終了後、すぐ飲みに行く。向山は、勤務終了時刻（当時は4時）とともに退勤していた。

師尾先生と初めて組んだ時は、向山、師尾、若手男性教師2人の4クラスで、向山が学年主任をしていた。

学年会で、教材研究はした覚えがある。

漢字学習など、質問に答える形で、指導について話したが、どのクラスもみな手応えを感じ、向山が示した漢字指導を実践したと聞いた。

私が漢字指導について深く調査研究したのは、通信教育最大手出版社の教材開発に携わった頃が最初であったかもしれない。開発会議の席で、当時の教育界の漢字指導の現状を説明したことがあった。NHKクイズ面白ゼミナールの出題者もずっとやっていたので、そのことも示した。

漢字指導について、向山氏は、ずっと問題意識をもち、様々な提案をしてきた。

1　漢字指導を巡って

　国語の漢字指導について、向山氏は教師になって以来ずっと問題意識をもっていた。１９８２年、福武書店（現ベネッセ）との教材開発会議で、当時の漢字指導のパターンは５つあることを向山氏は説明し、それを聞いて私は次のようにまとめた。

ア　寺子屋方式・・・一般的な学校スタイルであまり系統的ではない。

イ　石井勲方式・・・読み先行指導で、「書き」は後から指導。幼稚園での実践など幅広い。

ウ　岡田進方式・・・計算体系を主張する水道方式が原型であり、系統性にすぐれる。

エ　児童言語研究会方式・・・ウと同様に系統を重視するが、小学漢字を６００字に限定。

オ　パズル方式・・・楽しく、面白く漢字指導に興味をもたせるのにはよい。

　このような向山氏の主張を踏まえて、私は漢字書き取りテストの実態、漢字指導の一般的方法など漢字指導の周辺を文献調査した。以下は、板倉が調査し、まとめたものである。

（レベルが高い！よい仕事仲間をもったと思った。　　向山）

　例えば、書き取りテストの平均点の実態では、明治３５年東京高等師範学校附属小４年：６６％、昭和１０年東京都６年：５１％、３４年国立国語調査研究所調査６年：６５％、５２年東京・青森・埼玉・山口の８校調査４年：７０％があった。

　また、当時の一般的指導法として、漢字の何に重点を置くかで、字源・筆

順・部首・熟語構成・同音訓異語・文字形体・類義語などの方式が用いられた。向山氏が主張した5パターンの方式も、これらを用いていた。

　漢字教育については、様々な提案が当時からなされていた。国字問題研究会は、読み先行の石井方式を批判し、1500字現代漢字表を作成し、不要な漢字は増やさないことを主張した。『貞観政要』研究で著名な漢文学者の原田種成氏は、自著注4『漢字の常識』で、逆に、当用漢字表が悪い（ふりがなをどんどん使う方が良い）として、石井方式を推奨した。

　その他、現在でも知られる下村昇氏の漢字の「字源と筆順口唱」を組み合わせた指導方法もある。また、多くの漢和辞典編纂で著名な藤堂明保氏は、漢字教育の根本は、筆順や字形の細部を教えるより「ことばの仲間」を教え、漢字の本当の意味を知らせる「単語家族説」を提唱した。

2　漢字指導の教材開発と指導法の問題提起

　向山氏の漢字教材の開発はこうした時代背景や指導法の知見を蓄積しながらさらに進む。

　福武書店の次には光村教育図書で、画期的な漢字教材「あかねこ漢字スキル」を1988年に完成させた。練習とテストがスキル帳1冊に収められているのが大きな特長である。練習ページは「ゆび書き、なぞり書き、うつし書き」のステップが用いられ、テスト練習ページとテスト用紙の二段構えで習得を徹底させている。

　舌鋒鋭い論客の研究者である藤岡信勝氏（東大教授）も、初期のあかねこ漢字スキルを購入し、次の点をとくに高く評価していた。

①なぞり書き・うつし書きの前に、「ゆび書き」の過程を入れたこと
②再テストは出来なかった問題だけをすればよいという動機づけのシステムがあること

　向山氏の漢字教育の問題提起はこの教材にとどまらなかった。それは漢字の学習構造を根本から改革をしようという大胆な提案で、２００１年第１回漢字の学習構造改革セミナーを向山氏は開催させている。

　現在の国語教育における漢字指導は「読み書き同習」（漢字を習うとき、読みと書きを同時に学習すること）だが、「読み書き別習（分離学習）」（読み先習）の指導法を採用すべきであるという日本の漢字教育を根底から改革する提案であった。

　この構造改革に向けて、当時の国語教育の雑誌編集長江部満氏や漢字教育の泰斗である石井勲氏（『漢字興国論』）も参加され、セミナーなどで講演している。

㊟5

　漢字指導を体系化した最大の文献に『漢字講座』全１２巻（明治書院）がある。また読み書き分離学習については㊟5『漢字の読み書き分離学習』（明治図書）、㊟6『これからの漢字指導』（新光閣書店）が定本といえる。前者は国語教育研究所（所長興水実氏）、後者は、向山氏が校長としての力量を高く評価していた田中久直氏の問題提起書である。

㊟6

　向山氏は２００１年８月、「漢字の学習構造をつくりかえよう！」とのアピール文を発信する。その呼びかけの中で、読み書き同習は戦後文部省が導入し、その中心者が興水実氏であったが、晩年は読み書き別習がよいという意味の発言をされたと述べている。また、田中氏の提案も分離学習である。

1992. 4. 9
5年学年通信 No. 1

出会い

向山：始業式、担任をする5の1を見ていた。男の子はすごい。今は話をしていて校長先生の話を聞いていない。校長先生に背中を向けている子がいる。隣の師尾先生がささやいた。「向山先生にひらたいの子ね」。先生、緊張しましょう。おもしろそうになるかな…。昨日、男の子たちと指導の内容を相談した。私は応用をはずして今、銭をとり花をもって手を上げた。主役。「そんなひどいよ」という男の子と勝負に。私の勝。「まさか」という男の子はびっくりした顔。昨日、給食の時、全員の名を覚えているかどうか言ってみた。最後まで言って「やったー」。

師尾：担任発表は子どもたち以上に私たち教師も緊張するのです。新しい出会いは期待と不安。言葉で言い表わせないほどの「ドキッ」におそわれます。ひとりひとり名前を呼び返事といっしょに握手をしました。強くにぎりかえす子、よわよわしく、私の手に包まれるだけの子、様々な心の表情が、手にあらわれてきます。明るくやさしそうな子どもたちとうまくやっていけそうな気がしています。

板倉：本日初めてドッジボールを行った。初めはボール1個であったが、みんなおすまし顔で、ほとんど声もでないお上品なゲームであった。これでは、と思い、ボールを2個にふやす。（ソフトボールで）とたんにキャーキャーと大きな声がでる。まだまだと思い、ボールも3個にして、全員左投げにする。さらにボルテージが上がる。しかし…。当てられる子が少なくなってしまった。

	10	11	12	13	14	15	16	17	18	19	20	21	22	23
	金	土	日	月	火	水	木	金	土	日	月	火	水	木
4月の行事予定	安全指導日			代表委員会・避難訓練・視力検査	歯科検診	一年生を迎える会	身体測定	保護者会			参観日 尿検査提出 委員会（六校時）クラブ（五校時）	尿検二提出		クラブ

第

3

章

壁のない学年

 キーワード　**討論**

この目で見た向山実践3

 向山先生から学んだ討論の授業は、その後の授業の骨格になった。

1　同学年の向山先生の存在はウルトラの父

　学年会で、連絡や相談はほとんどしない。学年会は、教材研究を楽しむ時間となっている。

　「よそのクラスに勝手に入らない」というきまりを、よく耳にするが、私達の学年は、気軽に、他のクラスに出入りできる。

　ふと気づくと、教室の後ろで、となりのクラスのN先生と、私のクラスのやんちゃ坊主がとっ組み合いじゃれていたり、ふと気づくととなりのクラスの子が私の肩をもんでいてくれたりする。

　放課後、1組の廊下を通ると、私のクラスのH君と向山先生が将棋を指しているのが見える。

　向山先生は、休み時間、放課後、教室を覗くたびに、子供と将棋を指している。そのまわりを、子供達がとり囲んでいる。いい光景である。

　こんな学年だから、隠しごとができない。ある日、

　「先生、となりのクラスで、『てふてふ』やってる。」

と情報が入った。私は「てふてふ」でピンときた。あれだ。知る人ぞ知るあの実践だ。2組（いちばん若い先生のクラス）が、「春」の授業をしていたのだ。私は、すぐ覗きに行った。そのうち、私もやろうと思っていたが、先をこされてしまった。

　「あれ?」

　よく見ると、教室の黒板の横に、向山先生がいる。助けを求めたのか、指導を求めたのか分からないが、向山先生に、授業を見て頂いていることは事実である。

こんなふうに、ふだんの授業を指導して頂いていた。私たちは、幸せである。

なにを隠そう、私は、授業の途中で、向山先生に助けを求めたことが何度かある。

社会科の討論をさせていたところ、熱心に資料を集める子が、決定的な資料を提示し、討論が終わってしまった。計画の半分にもいかないところだった。困った私は、向山先生に助けを求めに行った。申しわけないとは思いながらも、授業中、ドアをノックし、困っている旨を伝えた。向山先生は、クラスの子供達に、指示を与え、すぐ私のクラスに来て下さった。1分ほどの助言で、討論は再開である。

困った時の向山頼み！

学年の"ウルトラの父"ある。

2　同学年の向山先生の存在はウルトラの母

向山先生は、かなりアバウトで、細かなことは言わない。しかし、時折、同一人物かと思われるほど、きめ細かな配慮がある。

遠足実踏の時、下校時間があわただしかった。後から耳にしたことだが、私が着替えに行っている時、私のクラスの給食片づけの指示をしてくれたそうである。私は、自分の指示どおりに子供が動いてくれたものと思っていた。教師が思うとおりには、子供は動かないようである。私のクラスだけでない。どのクラスへも、なにげなく、押しつけでないフォローをしてくれる。

朝会や集会に参加できない子供を見れば、学年のどの子にも、やさしく言葉をかける。

学年のおわりに、私の提案で、学年一斉漢字テストをやることになった。あらかじめ、テスト問題となる漢字一覧を配付した時のことである。一番若いK先生に、

「ワープロで打った字なので、指導している文字と形がちがいます。」

と指摘された。私は、内心、（細かなことを言うな）と思いながら、

「指導済みの字だから、もう一度、言うこともないと思うわ。」

と、つっぱねた。すると向山先生は、

　「いや、それは大切なことです。子供達に伝えましょう。」

と言い、指摘の箇所をチェックされた。あとから、向山先生に、

　「そんなに大切なことですか。」

とお聞きすると、

　「教えるということに関しては、完ぺきな方がよい。細かいことも、いい

かげんにしてはいけません。」

と言われた。私は反省した。K先生のせっかくの指摘に対してとった、自分

の傲慢な、かわいげのない態度と、教えるということに対しての反省だった。

　人として、教師として、また一つ、大切なことを学んだ。

　アバウトな中にも細かな配慮。

　学年の "ウルトラの母" である。

3　同学年の向山先生の存在はウルトラマンタロウ

　向山先生が、大変穏やかなことは、前にも書いたが、言わなければなら

ない時は、相手がどんな方であっても、はっきり言う。それも、ズバリであ

る。事実を端的に言われる。

　「信頼がないようです。」

とは言わない。

　「信頼されていません。」

と言う。それも、本人に対してである。

　めったに動かないが、動いたら、相手を倒すのに、3分とかからない。

　"ウルトラマンタロウ" である。

学年団で取り組めば、ダイナミックな実践もできる。討論に強い
感心を示した学年団であった。

　学年の教師が信頼し合い、仲が良ければ、子供達は、安心して、他のクラスの子供と仲良くなる。向山は、持ち上がり、子供達が休み時間や放課後によく将棋を指しにきた。それを他のクラスの先生もよく見に来ていた。そうした教師の自然の振る舞いが子供達を安心させるのだ。

　師尾先生が、

「討論が終わってしまいます。来てください。」

と授業中駆け込んできたことは記憶している。学年のどのクラスも「討論」の授業をしたかったようで、取り組んでいた。

　雪谷小学校の社会科の公開発表では、「資料の読み取り」がテーマではあったが、わが5年生の4クラスは、どのクラスも資料の読み取りから「討論」へと授業を展開した。

「4年生の時に向山学級だった子供達が、クラスで中心になり、討論の授業を成立させてくれた。子供達が、討論のやり方を教えてくれた。」

と師尾先生は言う。討論の授業では、向山学級出身者が活躍していたらしい。

　学年の仲が良いということは、様々なところで、子供の活躍とも関係するのだ。授業もである。

板倉解説3

向山氏の討論の授業のバックボーンは広くて深い。

1　向山氏の討論授業の原型と出発点

　向山氏の様々な著作を調べると、向山氏が具体的に論じた最も早い論稿（授業形態、討論的授業の成立要件、留意点など）は次のものと思われる。

🔒 キーワード：討論

１９７８年１１月　「やまなし」の授業の為の覚書き（その１）
１９８９年　「分析批評で授業を変える」
　向山氏は、この論稿と『発問で集団思考を促す』で示した論稿を併せて「以上が私の討論の授業の原型である」と述べているほどである。（『言語技術教育７―討論の授業がどんな言語技術を身につけさせるか』）

　だが、向山氏は全集４７で次のようにも述べている。

「私も教師になったその時から、討論の授業にあこがれてきた。（中略）指名なし討論を完成させたのは、調布大塚小に転任してすぐ、分析批評の授業であった。」

　新卒当時からの討論、はどこに示されているか。
　全集２３『京浜社会科サークル授業の原風景』にその根拠を見付けた。新卒１年目の研究報告「視聴覚教育研究協議会への中間報告」（１９６８）に明記されていた。
　報告の主題設定の理由（４）に

「社会科学習の中において、認識の転換をもたらす教授様式は討議（話し合い）の状態が最も望ましいと考える。」

とあった。これが新卒の時の仕事である。
　向山氏のこの当時の研究は、波多野完治編注７『視聴覚教育事典』から、多くの示唆を受けていたことが分かる。

２　討論授業の萌芽

　向山氏の討論授業の出発点は、もちろん新卒からであるが、その萌芽はすでに実習生時代に見られていた。大学生の時である。

年齢別実践記録集1の教育実習日誌から、そのことがはっきりと読み取れる。

　1967年2月に学大附属世田谷中に、9月には田園調布小に実習生として参加する。

　中学校の日誌二日目には、次のように記されている。

＊高山先生は実習校の教師

　　今日の高山先生の授業には問答（討議）がないように感じられた。（中略）
　教育ということを考える時、子供たちの発表は、きっと大切な事だと思う。
　僕は教師になったら、問答・討議・発表といった教育方法を深めてみたい
　と思う。また実習生の国語の授業を参観した時には、結局、討論できなかっ
　たのは残念だった。大切な宝を落としてしまったような感じがした。
　＜実習生日記＞

　さらに、同期の石黒修氏の世界史の授業に対しては

　「彼の授業は非常に素晴らしい。子供達に対する接し方、問題点を討議
　させてゆく方法、そしてかなりしっかりとした授業内容の構造。」

とある。石黒氏は東京学芸大学の隣のクラスの学級委員だった。

　一方、田園調布小学校での実習日誌から、次の様子が分かる。
　はじめての授業では、残雪の第一分節の分析を扱っている。

　「ことしも・・・」の「も」の分析などを通して内容を正しく把握させる。
　残雪の第三分節の授業では、どこで分けるかの意見が分かれ、反論を
　し合っていたり、〈春に―春の事、ある晴れた―ある晴れた日の朝の事〉
　など、対比的な扱いも見えたりする。

　　社会科の工業では、討論の時にもう少し待ち、全体がどちらかの意
　見を持つようにしてから先に進むべきであると思った。

と自省もしている。
（最後の社会科の研究授業では）

> 子どもの対決する場面をつくれなかった事だ。いや、全体の子供達を
> ゆり動かし、その対決へ参加させずにはおかないような場面をつくれな
> かった事、これこそ今日の授業の最大の失敗点である。

とも記録されている。

　反省会でも、

> 子供の発言をどう取り上げて、どう組織していくのか、そして教室に主
> 流と反主流の渦をつくりあげていくのかと、導入から展開へ至るまでが
> 概念規制が先行していたという事を言われた、

と、明らかに討論の授業を意識したメモが書かれている。

3　向山型討論授業の特徴と背景にある教育観
　向山型討論の４つの特徴を端的に示した石黒論文がある。
　４つの特徴とは、教育観、要件方法、上達論、追試実践である。
　ここで、注目したいのは「教育観」である。
　石黒氏は
「向山氏は、一人一人の人間が互いに対等である、という思想を常にもっ
ている。（中略）優等生を頂点とした子供社会に疑問をもち、破壊していく
ところから向山型討論の授業は出発しているのである。」
という。
　また大森修氏も
「討論授業の最大の秘訣は何か。"すぐれた教育観とすぐれた教育技術の
持ち主になること"」だという。（全集４７）

4 「討論の授業にあこがれる」の由来

　すべての授業は、討論の状態になることをあこがれる。それは、討論が対等な立場に立つ知的追究作業だからである。

　板倉が、向山学級で授業したときに、受け取ったメモには次のように書かれていた。（※１９８０年、板倉が向山学級で行った平行四辺形の授業。）

**　板倉君が、京浜教育サークルに「木の高さ」について授業した時である。〈向山メモ〉討論の授業は、実は背景に一つの教育観を必要とする。それは、一人一人の人間が互いに対等である―という思想である。（以下略）**

　授業後、平行四辺形の縦と横の長さの関係、斜めに伸びる松の木の高さと直立するビルの高さとの比較などを例示しながら向山氏は、問いや答えの分裂、できる・できない、断片的な、はずれた意見の大切さについて述べ、さらには人前での発言の訓練とご自身の学生時代の演説経験など、様々な角度から論じていき、そして次のように結論する。

**　討論の授業は、先に述べたような原則（※一人一人の人間が互いに対等であるという思想・教育観のこと）が第一である。そして、その次に方法があるのだ。**

　なお、向山氏の「討論の授業にあこがれる」は、イギリス、ビクトリア朝の批評家、作家である、㊟８ペイターの『ルネサンス』の「あらゆる芸術は、常に音楽の状態になろうとあこがれる」に由来する。

5　雪谷小の研究発表と講評

　ここでの社会科の討論とは、向山実践の追試授業をしたこと。学年団の若いメンバーが「工場の立地条件」を巡る話し合いを向山氏から学んだ討論形式で行ったものである。

　当時雪谷小の校内研究で、「写真資料の読み取り：雪小モデル」を公開発

表で提案した。

　まだ三人（向山・師尾・板倉）が学年を組む前であったが、この時のテーマは、向山氏の社会科実践における大きな問題提起の一つとなった。

　１９９１年（平成３年）１月研究公開を行い、５００名の参加者があった。当日のシンポジウムでは、古川清行氏、新見謙太氏、有田和正氏という社会科教育の錚々たるメンバーと向山氏がパネリストとなった。

　向山氏は研究推進委員長として、研究の概要を冒頭で次のように述べている。

「紀要４頁から説明します。研究の主張は三点です。

１　写真の読み取り方は存在する。

２　読み取りの反応を分類し、より高次の考えを育てる表や発問が必要である。

３　この２点をふまえ、分類表と発問例を「雪小モデル」として提案する。

続いて、写真読み取り分類表について向山氏は説明する。

①　表の枠組み・・・列挙→叙述→解釈

②　子供達の意見がどのレベルのものかが分かればよい。

③　授業によって、列挙レベルから解釈レベルへ成長させたい。

④　授業例としては、「写真を見て思ったことを書きなさい」

そしてシンポジウム最後のまとめで、新見氏は雪谷小の研究を次のように評価した。

　雪小の研究は校内研究のモデルになる。

ア　先行研究をしっかりと受け止めている

イ　提案がおみやげになる

ウ　追試（調査―授業）の舞台裏をさらけ出している。なかなかできないことだ。

雪小プランに固まるまでの若い人たちの各自のプランなどが貴重である。

　向山氏が研究に際していつも強調していたことを、新見氏もやはり強調された。

　雪谷小の写真読み取りの研究は１９９１年度の出来事であったが、実は向山氏にとっては１９６８年の新卒一年目の研究にその萌芽を見ることができる。その時の研究主題は「統計図表と写真スライドが話し合い活動に与える影響について」であり、社会科学習における話し合い活動を効果的にするための視聴覚的教育方法の在り方を探っていた。

６　外部の研究者からも評価される

　なお、この雪谷小の研究の過程で、私は一冊の文献『地理写真』（古今書院）と出合った。

　中身を読み通してみると、雪小の研究にたいへん参考になると考えた。

　そこで著者の石井實氏（当時・立正大学講師）に公開発表の日時をお知らせすると、当日、私の公開授業を参観してくれた。

　その時の参観記録が、日本地理学会地理教材開発研究誌に３頁にわたり掲載された。

　そのなかで、雪小モデルの写真（類）読みとり意見分類表の一部が転載され、更に『研究通信』についても「この研究を全校一致して進めてきた過程を見事に描き出し、写真資料の様々な問題点を知ることができた」と、その有用性を評価した。

　　＜資料２＞　研究通信
　　　研究推進委員が自主的に発刊
　　　厚さ２センチの研究通信冊子

Ⅱ 以上の検討から、社会科授業（写真等）「電小モデル」を次のように構成しました。

電小モデルは、3つの部分から成りたっています。

電小モデル
- (1) 子どもの意見の分類表
- (2) 写真読みとり能力育成の授業
- (3) 本時目標達成の授業

(1) 子どもの意見の分類表　　一人最低（　）こ最高（　）こ 級版（　）こ

		目についたこと	くらべたこと
色・形 へんがある。へんが大きい。白い。	①人 ②建物 ③のりもの ④山・川・自然 ⑤道具・機械 ⑥かんばん ⑦その他	A	E
分布 へんが多い。少ない。いっぱい		B	F
地域的・空間的なこと どこ。どちらなど。		C	G
時代的・時間的なこと。いつ。何時。		D	H
その他			I

① 枠にA〜Iの番地をつけました。

② 子どもの意見は、はじめ2つか3位のものですが、いくつ考えられるか目安を与えた方がいいようです。5年生ではトップクラスで1枚から100くらいの意見を書きます。

③ 子どもの意見は、はじめAに集中します。力がつくに従い、B.C.Dと伸び、E.F.G.Hへと飛躍するようです。

④ 但し、A以外の見方は、機会あるごとに育てることが必要です。

200

第

4

章

向山型国語

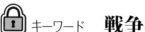 キーワード **戦争教材（石うすの歌）**

この目で見た向山実践4

> 子供達に感動を与え、知識、思考力を高める向山先生の衝撃の
> 授業を参観した。

1 「石うすの歌」―師尾学級に飛び込み授業

　休み時間に、なかなか思うようにいかない「石うすの歌」の国語の指導についてお聞きした。そうしたことが3回ほど続いたある日のこと、向山先生が私の教室に入ってみえた。

　「次は何の授業ですか？　ちょっと石うすの授業をさせてもらおうと思って。」

　「えっ。授業して下さるのですか。お願いします。お願いします。是非是非お願いします。」

　なんてすばらしい先生だろう。その日の休み時間、私は、石うすのキーワード探しで、二手に分かれた子供をうまく誘導できなかったことをお話ししたところだった。

　専科授業の空き時間に来てくれたのだった。

　二手に分かれた子供達も、あっという間に一つの流れとなり、授業は進んでいった。なんて、スムーズな授業の流れ、そして迫力。子供達は遠慮しながらも、的を射て発言している。

　話は「石うすの歌」のキーワード「原爆」にまで及んだ。子供達はシーンと静まり返り、息をのむ。原爆の写真を見たわけでもないのに、子供達もたちの目の前には、「原爆」が落ちたのだ。

　授業も終わりに近づいたころから、私の胸は熱くなり、込み上げてくるものがあった。どうしてこんな授業ができるのだろう。どうして、子供達に、こんな感動を与え、知識、思考力を高められるのだろう。私は質問した。向山先生は、

　「この授業は私にしかできません。原爆に、私は学生時代の全てを費やし

たのですから・・・。」
と答えた。向山先生は、学生運動の指導者であった。

向山の一言4

> 戦争教材である「石うすの歌」の背景には、向山が青春をかけた
> 日々があった。

　高校1年生の時、生徒会長になった。9月のことだった。

　その時、日本の国内外で重要な問題が生じていた。一つが60年安保が
強行採決されたということ、もう一つが在日朝鮮人の北朝鮮への帰還問題
があった。

　高校1年で生徒会長になった私は、全都50校くらいの高校生生徒会長
と「日朝国交友好協会」を作り、朝鮮高校で、何度も交流会をもった。そ
れが、国際的な運動をやり始めた最初だった。

　集まった高校は、いわゆる進学校だった。東大合格者が年に何十名もい
るというような高校の生徒会が動いた。都内30校およびその周辺も含め、
高校の生徒会長たちと活動した。向山は、その委員、進行役を担った。

　したがって、15・16の歳に在日朝鮮人という存在をはじめて知り、そ
の方たちの祖国への帰還問題に遭遇し、それを送り出す「友好協会」の活
動を始めたわけだ。

　それが、社会問題等に目覚めていくきっかけとなった。折しも60年安保
が爆発する直前のことだった。

　こうして向山は、高校時代から、学生運動に時間を費いやしてきた。原
爆についての知識は、にわか仕立てではない。長い時間をかけ、調べ、論
議し合ってきたのだ、

🔒 **キーワード： 戦争教材（石うすの歌）**

板倉解説4

> 向山氏の「石うすの歌」の授業は、キーワードの絞り込みとイメージを想起させる語りの巧みさで、感動を与えている。

1　師尾学級での飛び込み授業

　１９９１年の師尾学級での飛び込み授業「石うすの歌」には、実は原実践がある。

　それは、１９７８年調布大塚小６年担任の時の実践であり、向山学級四代目の名取伸子さんが教え子の時期である。

　飛び込み授業は約３０分の実践であるが、原実践は通常の時間をかけての実践である。

　時間のかけ方は異なるが、わずか３０分の飛び込み授業であっても、原実践でも討論の対象になった「原爆」「戦争」そして「８月６日」を、キーワードに確定しながら授業が展開されている。

2　師尾学級での飛び込み授業

　師尾学級への飛び込み授業は、教育技術研究所（元・東京教育技術研究所）から音声ＣＤ「石うすの歌」として刊行された。また、その文字起こし（椿原正和氏）と授業分析（伴一孝氏）が『子どもの事実が証明する向山型授業システム小学６年』に収録されている。

　師尾学級での飛び込み授業は、次のように大きく二つに分けることができる。

　前半・・・クライマックスを示す一文を絞り込む展開

　後半・・・キーワードの確定と原爆の脅威の語り

　まず、向山氏は読み取りの用語の意味（キーワード・起承転結・序破急・クライマックス等）を幾つか確認し、とくに起承転結とクライマックスを重視する。

　次にクライマックスを示す一文に線を引かせ、その妥当性を検討させる。そのクライマックスをもとに、キーワードを考えさせる。そして、具体的な

数値や予想される情景を語りながら、原爆の恐ろしさについて語る。

最後に再び、原爆、戦争、8月6日というキーワードを強調する。

本授業は、30分間という制約があるために、じっくりと言葉等を検討する授業にはなっていない。けれども文章を読み取るうえで必要な用語を確認しながら、キーワードの絞り込みに向けてテンポよく展開させている。その際、向山氏が子供達に原爆の脅威をイメージさせるために、語りを巧みに用いていることも分かる。

3　向山学級での「石うすの歌」実践

向山学級での原実践はこれとは全く違い、完全に分析批評であったと、伴一孝氏は「向山学級名取ノート徹底解明講座」にて説明している。

以下、「名取伸子氏のノート」分析で見えてくる、授業内容は次のようである。

1　視点　　　　2　登場人物　　　　3　中心人物　　　4　対比
5　視点の移動　6　一番大切な一文　7　対比されている言葉
8　この作品のテーマとして、対称とされていることがらは何か、作品にそって説明しなさい。※対称とは対比の意と考えられる。
9　一週間後　　10　物語のしくみ（起承転結）
11　石うす（の歌）は何を表しているのか。

この順序で授業化されたのか不明であるが、ノートのこれらの小見出しからも分析批評そのものの授業であったことが分かる。

主題に関わって対比される言葉として、原爆―幸せ、つらい―悲しい、地ごく―極楽などが論点となって、学級で検討された。見たことも聞いたこともない授業だった。

4　向山氏の学生運動時代の文献

飛び込み授業をしてもらった師尾氏は感動して、どうしてこんな授業が

できるのかを向山氏に尋ねたという。向山氏は

「**この授業は私しかできません。原爆に、私は学生時代の全てを費やしたからです。**」

と答えた。

注9

　後に、「社会科教育」誌でも、向山氏は被爆体験や原爆投下の責任について、次のような文献を典拠にしながら授業化の提案をされた。

＊『歴史教育の資料と扱い方』『東京裁判・日本の弁明』『パル判決書下』注9『原爆投下の内幕上・下』等。

　向山氏の学生時代は学内外に様々な運動を起こし、闘うことに命を懸けていた。

　大学の授業はその間隙をぬって受講していたのである。多くの仲間が、向山氏の活動を応援し、授業の出席日数は、代返（本人の代わりに出席の返事をすること）に支えられていた。

　向山氏が学生運動時代に読んだと推定できる本が、現在もＴＯＳＳ一宮図書館（千葉県にある向山関連の図書が所蔵されている）のコーナーに並んでいる。以下、主な文献を列挙する。

注10

注10　いいだもも「七〇年への革命的試論」（三一書房）、江口・壺井「名作案内日本のプロレタリア文学」（青木書店）、エヌ・カ・クルプスカヤ「レーニンに

ついて上・下」（新日本出版社）、「大内兵衛集」（日本書房）、大河内一男・清水幾太郎編「我が学生の頃」（三芽書房）、大阪部落解放研究所「部落からの告発」（亜紀書房）、大野明男「全学連その行動と理論」（講談社）、解放教育研究会編「双書解放教育の実践」（明治図書）、郭沫若「抗日戦回想録」（中央公論社）、ガルブレイス「ゆたかな社会」（岩波書店）、京大現代思想研究会編「民主主義と全共闘運動」（汐文社）、蔵原惟人「思想と文化のたたかい」（新日本出版社）、高坂正顕「大学教育改革のための提案二〇条」（創文社）、西園寺一晃「青春の北京」（中央公論社）、サルトル他「マルクス主義と実存主義～弁証法についての討論」（人文書院）、シモーヌ・ヴェイユ「労働と人生についての省察」（勁草書房）、全学連中央執行委員会編「政府・自民党の大学政策、勝利へのスクラム」（新日本出版社）、髙橋和巳「非の器」（河出書房新社）、中島誠「学生戦線」（三一書房）、中村房一「予科練」（東京ライフ社）、永山則夫「無知の涙」（合同出版）、ノーマン「日本における近代国家の成立」（岩波書店）、毎日新聞社社会部安保学生班編「安保激動のこの１０年」（文芸春秋）、前島省三「昭和軍閥の時代」（ミネルヴァ書房）、牧瀬恒二「革命と歴史」（三一新書）、マルクス／エンゲルス「革命と反革命」（新潮社）、三木清「読書と人生」（小山書店）、「愛は死をこえて・ローゼンバーグの手紙」（光文社）、稲垣忠彦「現代日本の教育＝状況と創造」（評論社）、窪田精「海と起重機」（新日本出版社）、「シモーヌ・ヴェイユの生涯」（勁草書房）、瀬谷義彦「會澤正志齋」（文教書院）、ボーヴォワール「ある女の回想娘時代」（紀伊國屋書店）

このくらいに留めておく。

（以上の本は上総一ノ宮にある。この数倍ある　　向山）

Episode 5

キーワード **起承転結の指導（桃花片）**

この目で見た向山実践5

> 教科書を教えるのではなく、教科書で教える。

1 物語教材「桃花片」（教材分析）

　先生方からねたみをかっても仕方ないことがあった。

　国語の授業が物語教材「桃花片」（東書6年下）に入ってすぐのことである。

　2校時の国語を終え、20分休みに入った。私は教材研究不足のため、自分が出した質問の答えに自信が持てなくなり、もう一度、読みなおすつもりで教員室に降りてきた。

　「桃花片」はかなりの長文である。一字下げの形式段落に番号をふらせ、「起承転結」「序破急」を教えた後、

　「クライマックスの場面はどの段落ですか。」

と質問した。今考えると、全く不用意な発問の仕方だったと反省する。

　しばらくして、向山先生が職員室に入って来て、となりの席にすわった。こういう状況になるとすぐ、私の安易な性質が首をもたげる。

　「向山先生…。」（お呼びして、でもお聞きしてよいものやら、少し迷う私）

　「桃花片についてなんですけど、自分の出した質問の答えがはっきりしなくなっちゃって。」（私）

　「クライマックスの場面は最後でいいんでしょうか。」（なぜかドキドキする私）

　「まだ入ったばかりだから、読んでみないとね。」

と言われ、教材を読みはじめられた。なんだか、わるいような気がして、落ち着かない私。

　お茶を入れ、あっちで呼ばれ、こっちで呼ばれ5分程して、やっと自分の席につくと、

「はい、ノート出して。」

と向山先生。

（やったあ。教えて頂ける。それにしても、あれだけの長文、もう読んでしまわれたなんて…）

「ここでのポイントは３つある、

　１つ目はクライマックスの定義を教えること。"考えが変化した地点"がクライマックスであること。どんな話もある考えですすみ、何かが起こりその考えが変化する。

　この『桃花片』では、主人公がつまらないと思っていた父の作品がすばらしいと変わる瞬間だね。

（そうか！「クライマックスの定義・：もちろん教えなかった。『盛りあがるところ、山場』なんて抽象的なこと　言っちゃったわ。）

　２つ目は、丹羽文雄の『文学読本』に、「短編の後ろ１／３を切る」という話が出てくる。

　これはその代表的な作品です。

（すごい。それにしてもすごい。どうしてこうした話が、すぐ出て来ちゃうのかしら。教養がにじみ出ている。ふつうの人と読書量がちがうもの。読んだことが全部頭の中に残っているのかしら。）

　ちなみに『教育論文は、前半１ページすてる』といいのです。

笑いながら教えてくれる。私は、ただ、もううなずくばかり。

　３つ目は、物語の構成。『起・承・転・結』と歌舞伎の『序・破・急』などがあるけど、この作品は、『起・承・転・結』の構成らしいね。」

　そう言われ、すぐ「起・承・転・結」の箇所を教えてくれる。それを聞いて、私はまたまた驚いた。一行空けの段落など全く関係ないのだ。ちょっとためらいながら、質問する。

「一行空けの段落は関係ないんですか。」（私）

「ほとんどね。だって、もとの作品は一行空けてないですからね。あれは、教科書会社のだれかが、読みやすいように入れただけだから、気にすることはないですよ。教科書を作る人より、自分の読みの方が正しいと思って

いますから。」（向）

　すごい。すごい。すごい。こうした話を日本の教師のだれができよう。いつかの「日本言語技術教育学会」での話が頭に浮かんできた。

「教科書を教えるのではなく、教科書で教える。」

　その時は、分かったつもりでいたが、実際にその場面に出合い、改めて納得し、同時に興奮してきた。

　「『結』の部分は最後の二文ですね。これは、少し子供達にはむずかしいかもしれませんね。」（向）

と言われる。オーソドックスな形でないだけ、面白いようである。

　「クライマックスは、一文をさがさせるのがいいですね。終わりの二文のうちどちらかですが、私は、終わりから二文目の『あっとおどろいた。』のところだと考えます。」（向）

　これだけ多くのことを教えて頂いたが、この間、5分とかかっていない。この5分間の私の興奮が分かって頂けるだろうか。

　一度、教材文を読むだけで、これだけの分析を即座にされるのだ。何人かかって教材研究しても及ぶものではない。

　貴重な20分休みを終え、3校時に入った。しばらくしたところで、向山先生が教室を覗き、私を呼ばれる。

　向山学級に入っていくと、子供達は、国語の教科書を開き、それぞれ夢中で考えている。3人程の子供が、向山先生の教卓近くに並んでいる。

　向山先生の近くに行き、子供とのやりとりを覗きこむ。

　「『桃花片』を『起・承・転・結』の4つに分けなさい」が発問とのことである。できた子は、向山先生のところに見せに来る。

　向山先生は、ひとりひとりの分け方を見て、点数をつけていく。

一行空けの段落にこだわっていると3点

一ヵ所25点を基準にする

　はじめはほとんどが3点だが、しばらくすると、60点、80点と言われる子がでてくる。そして、Iさん（女の子）が95点をもらった。最後の段

40

落が二行ちがいなのだ。子供達の列がすいた時、向山先生は、クラス一やんちゃなG君を読んだ。その子の分け方は、見事に、向山先生の分け方と同じだった。

「よし、１００点、すごい。」

向山先生の声を聞き、Ｇ君は右手でこぶしを突き上げ喜んだ。同時に、他の子供達の動きが、かすかに変化した。静かだった教室が、さらに静かになったことと、点数へのこだわりが出てきたことである。

Ｇ君とＩさんはクラスの中で優れて読書量が多いと後から聞いた。

私は自分のクラスで同じことをして、１００点がとれる子がでてくるか不安だった。また、自分が、向山先生と同様に、

「起・承・転・結」を分けることができる自信もなかった。すばらしい教材分析をたった一つの発問におきかえることも初めて知った。

新卒以来２０年近く、私は曲がりなりにも、国語部に籍をおいてきた。研究会にも、多分普通には、まじめに参加してきた。

でも、今日の５分に匹敵する知的興奮を味わったことがあっただろうか。

向山先生の講演も、企画力ももちろんすごい。

しかし、この、瞬間芸のような教材分析と授業は、我々の最も知りたいところだ。

「桃花片」についてのこの話も、私一人が聞かせて頂くのはあまりに畏れ多い、もったいない、申しわけない教材分析だった。

向山の一言5

物語の構成「起承転結」「序破急」を考えさせる授業は、教科書の一行空けにはこだわらない。

　師尾先生は、国語部で研究をしてきたらしいが、「起承転結」や「序破急」についての私の指導を見て、大変驚き、興味をもったようだ。

　教科書の一行空けは、作者の作品とは関係がない。教科書会社が、子供

が読みやすくなると考え、編集しただけのことだと私は思っていた。

　私は物語教材では、話の構成、クライマックス、キーワード探し、要約指導など、その作品に合った指導で進めることが多いが、「桃花片」を読み、「起承転結」で分けさせる授業をすぐ思いついた。

　授業をして、案外面白かった。子供達が、一行空けなどには左右されず、自分の頭で、話の構成を考えさせるよい機会にもなった。

　はじめは、みな一行空けにこだわっていたが、そのうち変化してくる様子をみることができた。

　その後、セミナーでも、先生たちにこの指導を行ったが、子供達と全く同じような過程を見せた。そのセミナーで、この向山の課題を一抜けで正解したのは、向山型算数のリーダー木村重夫先生だったと記憶している。

板倉解説5

「起承転結」指導
向山氏は、何十年も昔に読んだ本の一部を覚えている。

　この「桃花片」の教材分析と授業の詳細については、全集５０『向山型国語の授業の実践記』を参照されたい。

1　向山氏がアドバイスした本の正体

注11

　丹羽文雄氏の本は、文学読本、文芸読本ではなく、『小説作法』（角川文庫）と推測される。

　様々調べる中で、エッセイ集『読書と私』（文春文庫）のなかで三好京三や三浦綾子が作家になるために、また作品を書くときに学んだ本がこの丹羽文雄の注11『小説作法』であることが分かった。

　ただし「短編の後ろ三分の一を切る」という向山氏が話された内容がこの本では見付からなかった。

しかし、次の部分を見付けることができた。（１６１頁）
　「小説全体の５分の１の重量を、一気に切っておとすくらいの切り方が、のぞましいのである。」
おそらく向山氏はこの部分を覚えていたのではないだろうか。何十年も昔に読んだ本の一節を覚えている、ということに私は驚かされた。

２　起承転結余聞

　物語の構成としてよく話題となる「起承転結」、また歌舞伎の「序破急」について、向山氏が本章で端的に述べている。この構成法は、教科書はもちろんのこと、ほとんどの文章作法や読解法の本に必ずといっていいほど登場する有名な内容である。
　結論からいうと、この文章構成の原典は、およそ７００頁にもなる五十嵐力『新文章講話』（早稲田大学出版部・明治４２年）にあった。
　本書の国語関連の解説を書くに当たり、国語教育関係の本を芋づる式に読んでみた。そのなかで望月久貴『言語表現の基本問題』（学芸図書株式会社）や市川孝『新訂文章表現法』（明治書院）の本に、五十嵐力論文について書かれていることを知り、入手した。
　望月久貴氏は学芸大学教授として向山氏もすでにご存知であり「国語教育研究の優れた先達であり、著名な研究者で、本もたくさん書いています」と教えていただいたことがある。
　その望月氏が出典として挙げていたのが『新文章講話』であった。
　五十嵐博士は、文章の形式について、西洋と中国を中心に次のように述べている。
　西洋の修辞学では四・五・六段説が多かったという。
　Ａ　序論、説話、証明、結論
　Ｂ　序論、説話、論証、副叙、結論
　Ｃ　序論、説話、分説、証明、弁駁、結論
　中国では、漢詩や散文について次の形式を紹介している。
　漢詩四段説・・・起承転合、起承転結、起承転落などが広く行われた

キーワード： 起承転結の指導 （桃花片）

散文五段説・・・起承鋪叙結　　　六段説・・・起承鋪叙過結

　また、仏教学者の間では、序分、正宗分、流通分。さらに本邦には、序破急ありというようにである。こうした概略を述べたあとで、構成には次の５つの形式があるとして、一番適切なのは双括式であると結論付けている。

　１追歩式　　２散叙式　　３頭括式　　４尾括式　　５双括式

　さらには、五十嵐博士が一番薦めるのはアリストテレスの二分説であった。文章を通じて最も大切なのは、自分の説を明らかにすること、その説の合理を証明することなので、アリストテレスの序説、立証の二分案は最も無駄なくしかも全てに応用できると主張する。

３　文学作品の読み方に使われた「批評」

　文学作品の読み方は、多様であるが、それらを整理すると、作品の構造に関する解釈的研究と、作品の価値についての批判的研究のそれとに帰着すると、向山氏の大学時代の恩師安良岡氏は述べている。作品研究の中心は、解釈から批判への発展にある、という。

　また安良岡氏が考える国語教育とは、二つの学習形態（談話と読み）があり、談話には三つ（問答、討議、発表）の形態があると指摘する。

　安良岡氏の読み方は、彼の恩師西尾実氏の国語教育論からきているのではないだろうか。たとえば西尾氏は読みの作用として次のような３つの過程（行的認識の指導法）を考えた。

　１　素読─全体的直感（素朴な直感、全体的印象）

　２　解釈─反省判断

　３　批評─純粋直観（価値判断）

　批評の深浅は、読みと解釈に依存するから、意味の直観や理解がしっかりしていないと真の批評を望むことができないという。こうした方法論は昭和４年『国語国文の教育』などで提唱された。分析批評とは異なる概念であるが、批評という用語を使っていることが興味深い。

キーワード　**要約指導（オゾンがこわれる）**

この目で見た向山実践6

> 要約指導には、いくつかの方法があり、考えるポイントがようやく見えてきた。

1　向山学級の「オゾンがこわれる」（光村図書六年）の要約指導を見せてもらった。新任研修のため、我が校の今年の新卒の先生と一緒に参観した。

　日本中に沢山の新卒の方が授業参観されているだろうが、向山学級の授業を見せて頂けるなんて、何と幸運なことか（私も幸運だから、あまり人のことは言えないけど・・）

「形式段落の1段目を、20字以内でまとめよ。」
の問題である。

　子供達と一緒に考えこみ、点を付けてもらう。結構自信があったのだが、「70点」だった。説明をお聞きし、「なるほど！」

「動物の体」（東書5年）の全文要約についても教えて頂いたばかりである。答えが分からないと、私は、すぐ向山先生・板倉先生に聞いてしまう。このところ、「イージー師尾」の極地を歩いている。しかし、そのお陰で、要約指導も、ようやく考えるポイントが見えてきた。

向山の一言6

> 要約と感想は違う

　法則化運動やTOSSのなかでは、「要約指導」と聞くと、すぐに昔話・桃太郎の要約指導が思い付く。

　法則化の教師だけではなく、あの著名な実践家有田和正氏や酒井臣吾氏も追試をして高く評価してくれた。

　私は、小学生時代から言葉への関心やこだわりはかなりあった。例えば、

キーワード：要約指導（オゾンがこわれる）

要約と感想の違いを小学生のころから自覚していた。

5年生の時、先生が長い詩を読ませた後で感想を言わせる授業があった。全員に発言させた後、担任の先生は

「感想を述べたのは、向山だけだった」

と言った。私も他の級友が発言しているときに、オヤッと違和感をもった。つまり、感想ではなく、要約を述べていると私は思ったのである。

後に麻布や慶応中学に進学した子たちも皆要約を述べていた。小学生時代から「ことば」についての感覚が他の友達と違う部分があったようだ。

5年の担任の先生にしても、中学に入ってからの先生にしても、今思えば、向山の「言葉」に対するこだわりを正しく受け止め指導してくれていたことに感謝である。

板倉解説 6

説明文だけでなく、文学作品でも活用できる向山氏が提唱した要約指導は3つある。

1 向山型要約指導―3つの方法

これまでは、要約指導と言えば、説明文についての報告が多かった。けれども向山氏の「桃花片」の実践が報告されたことで、一気に文学作品にも要約指導が波及することになる。要約指導は説明文だけではなく、文学作品にも活用できる技術であることが分かってきた。

まず向山型要約指導は、段落要約指導と全文要約指導の二つの方法が実践されていた。

前者は、一つの段落を要約する際に、キーワードを入れて、20字でまとめさせる方法である。その際に、個別評定をしながら、各自の要約の精度を上げさせる。

後者の方法では、全文要約を30字以内とする。重要な段落をさがさせ、

その中で重要な一文を選び出させる。それを補完する文がある時は、その文も含めるようにする。

　以上、２つの型は１９９２年「教室ツーウエイ」誌上で向山氏が提案した内容であるが、実はその後、要約指導第３の方法を「教育トークライン」誌（１９９３年９月号）で向山氏は提案する。

　この第三の方法は、全文要約の「大切な一文を選択する」ポイントをより一層はっきりさせることを意図したものである。以下、それを４つのステップで示す。

① 　まとめの段落をさがす。最初か最後の段落にある。

② 　まとめの段落から「考え」の文をさがしだす。例示の部分を除いて、残ったところが考えの部分。

③ 　まとめの一段落が一文の時は、一文のなかの大切なフレーズをさがす。接続助詞に注目するとよい。

④ 　もっとも大切な一語を選び、この言葉が文末に来るように「考えの文」をまとめる。

２　要約することの意味と重要性

　「要約」はどう定義されているのか。２００８年６月、谷氏が作成した「要約と要旨の違い」についてのレポートがある。冒頭の結論に「要約＝元の文章の内容を短くまとめること」と述べている。その根拠として、教科書や用語辞典類、当時の小中高指導要領解説、国語教育関連の文献、さらには著作権法の条文まで引用し立証している。

　私も下記の文献をもとに、「要約指導」について調べてみた。

　平成２９年版小学校学習指導要領解説には、以下のように示されている。

　「要約するとは、文章全体の内容を正確に把握したうえで、元の文章の構成や表現をそのまま生かしたり自分の言葉を用いたりして、文章の内容を短くまとめること」

また、かつての国語教育界を代表する研究者西尾実、倉沢栄吉、滑川道夫、飛田多喜雄、増淵恒吉編集の最高峰ともいえる辞典『国語教育辞典』（１９５６年朝倉書店）の「要約の指導」（記述は蓑手重則）では、次のように解説されている。

　「要約の技能は、文芸・科学・実用的文章によって違うが、国語科だけでなく、全教科にわたる重要な基礎技能であり、重視しなければならない。文学的文章では、序破急の手法を用いた展開が多く、その点を留意して分節し要約する態度を培うべきである。科学的（説明）文章では、記述の形式が最初か最後に結論が示されるので、その論理的な文脈をしっかりとたどらせて要約させる。そのための一例として、指示語や接続詞・接続助詞などに留意させる。」

　国語教育辞典でも説明されているが、「序破急」つまり起承転結と同義であるが、それに留意しての要約指導を向山氏は行っていたのである。

　ほかにも、国語教育辞典の〝結論の位置、接続助詞の配慮等〟の解説は、向山氏の要約指導第三の方法に共通する内容であることが一目瞭然である。

3　理論を語るのではなく、授業論を語る向山型

　向山氏は、「要約指導」にあたり、なぜ一文の最後を体言止めにするのであろうか。向山氏は次のように説明する。

　「冗長な言い方を避けるためには、体言止めがいい。しかも、そうすることで、最後に「たった一つのキーワード」をもってくることができる」

　学校文法では、体言イコール名詞と考えてもよい。

　実はこれは統計学的にも意味があることが分かった。文章の要約化が行われると、文章にどのような文体の変化が生じるか、『作文講座第四巻』（明治書院）に数値が出ていた。

　談話語４０％、出版目録解説６０％、番組案内７０％

　それぞれの文種における、名詞（体言）のおよその割合である。つまり、

文章は要約（例えば、番組案内のように）すると、必然的に名詞の占める割合がふえることになる。さらに、その名詞を末尾に置くことで体言止めとなり、文の簡潔さを求めたり、詠嘆的な余韻をもたせ、どっしりした落ち着きを与えたりする修辞法の効果となっている。

　以上、向山氏が自らも画期的な指導法であると主張している要約指導について、理論的背景と考えられる幾つかの観点から述べてみた。法則化運動の志を具体化した向山氏の実践から生まれたのが、要約指導であると大森修氏は主張する。（教室ツーウエイ No.７５）

　向山氏は理論を多くは語らない。授業の組立を通して授業論を語り、発問指示を通して「背景にある理論」を語っているのである。言い換えると向山氏が理論を背景に退け（捨てたのではない）、子供の事実と教師の指導法を対応させて前面に出して語ったから、法則化は多くの教師の支持を得たのである、と大森氏は強調する。

＜資料４＞

学年通信　アバウト No.29　1991.3.6　師尾の "負けるもんか"
男性の谷間に咲く白百合のごとく私（師尾）は、泣かず、わめかず、静かに生きてきました。
なのに、おひな祭りの日
師尾　　「他の学年はおひなさまがたくさんいるけど、私ひとりだけでごめんね。」
男性たち　「いいですよ、十分ですよ。」
師尾　　「そうよね、量より質よね。」
男性たち　ひっくりかえる。
師尾　　「なにか、間違ったこと言ったかしら？」　よく自滅する私でした。

学年通信　アバウト No.28　1992.1.30　師尾の "負けるもんか"
師尾　「体育館で体育、寒そうですね。着すぎかしら？」
向山　「着すぎじゃありませんよ。歳を考えたら、もう一枚くらいいいと思いますよ。」
師尾　「ムッ。」

キーワード **教材と葛藤する（たかの巣とり）**

この目で見た向山実践7

> 子どもたちに感動を与え、知識、思考力を高める向山先生の衝撃の授業を参観した。

　国語の授業を参観するために、ある研究会に向山先生と出席した。向山先生は、早く着いたようで、教室の奥の窓際近くに座っている。出口近くの私の位置からは、研究授業をみる向山先生の表情が見えないのが残念だ。これまでの経験では、向山先生は授業がつまらないとすぐ寝てしまう。驚くほど、「すぐ」である。授業が「良い」か「悪い」かは、寝てしまうか、起きているかで判断できると言っても過言ではない。

　だからと言っては何だが、向山先生の授業を参観する様子を見ることは、私にとってかなり重要なことなのだ。かと言って、まさか、

　「今の授業寝ちゃいましたか？」

なんて、聞くこともできない。

　向山先生は、純真と言おうか、正直と言おうか、大胆と言おうか、自分勝手と言おうか、当たり構わず、時間を大切にされる。要するに、無駄な時間は全く過ごさない。

　同僚の女の先生が、向山先生の時間の使い方に驚き、

　「向山先生の時間の使い方って凄いわね。中途半端な時間がないのよ。お店に入るのに迷う時間とか、出掛けるのに人を待つ時間とか全くないものね。道路の上で立ち止まったことないんじゃない。いつも、歩く後ろ姿ばかり見ている気がするわ。それでいて、お店に入れば、すごくゆっくりなさるのにね。時間の無駄がないわね。とにかく、私たちと全然違うわね。」

と私につくづく言ったことがある。

　その日の授業は、教材「たかの巣とり」のクライマックスの場面である。木の上から谷に落ち、死んでしまったと思った三ちゃんが、生きているくだ

りである。

　授業の子供達は、よく発言し、なかなか活発であったのになぜか退屈だった。

　授業後、向山先生とお話する機会を得た。我が校の若い男の先生が運の良いことに向山先生の隣の席に座ったそうだ。向山先生はその先生にレクチャーしたという。思わず

「ずるい、私も。」

と、久し振りに、かつての図々しさで、レクチャーを願い出た。どうあっても、我が校の若い男の先生よりは、たっぷりお願いしなければ…。

　レクチャーを受け、私は涙が出そうなほど感激した。もちろんこれまでも向山先生の凄さは知っていた。何度も何度も、「これでもか」というほどの凄さで、場面に応じた教育のあり方、見方を教えてもらってきた。

　かつて、「桃花片」の教材分析を私の目の前で即座にされたことがある。今回もまた、あの時のような、いやそれ以上の教材の見方を教えてくれた。

　一つ質問をされる度に、その言葉が、並んだ活字から立ってくる。以前、向山先生から、「活字が立つ」という言葉を聞いたことがある。向山先生は、教材を読まれると、そのように、言葉が立って見えるのだろうか。「桃花片」の時と同じように、教材と真剣に向き合うと、瞬時にそのキーワードの部分が浮かびあがってくるのだそうだ。

　少し時間があるとおっしゃって、蕎麦屋に入った。レクチャーだから、質問形式で話は展開する。勿体ないことに、聞き手は、私一人である。食いしん坊な私だが、「蕎麦」どころではなかった。質問に答えなければならない。1問目からとんちんかんな答えを返し、恥ずかしい思いをしてしまった。向山先生は、私の能力をばっちり把握されている。クリアーできないところは、どんどん説明してくれる。

　質問を必死で考えていくうちに、私は、向山学級の生徒になっていた。三ちゃんが死んでしまったと心配する気持ちと助かったと喜ぶ気持ちの対比を学習し、三ちゃんと喜作ちゃんの吹き出すようなとぼけ合うやりとりを

読み取ることになった。

「この授業は、クラスの皆で大笑いする場面ですよ。それがなくては…」
と言われる。向山先生の教材分析による会話の実演が面白くて、私は、大笑いしてしまった。

一つ一つの質問が絡み合い、仕組まれ、組み立てられている。あまりの教材の分析の凄さに、さすがのけちな私も、あまりに勿体なくて

「先生、私、（勿体なくて、）法則化の先生方に悪いような気がします。今度、ぜひ、講座でやって頂ければ、先生方は、大喜びされます。教材との向き合い方も分かるかも知れません。」とちゃんとお願いした

①　授業に教材と葛藤した痕跡が残っているのなら許せる。葛藤すれば、痕跡は、残る。

②　教師が教材から読み取った以上のことを、子供に読み取らせることはできない。

「教材といくら葛藤したって、先生のような分析はできっこありません。どうすれば、教材を分析できるようになるのですか？」
と質問した。

「できっこなくても、教材と葛藤していれば、少しずつできてきますよ。」
との返事だった。確かに、私が聞いたことを知っているのと知らないのでは、教材との向き合い方が全然違う。

それにしても、向山先生から教材についてのお話をうかがう機会を得たことはなんと幸運だったことか。教材分析の話は興味深く、身震いするほど、興奮し面白い。

子どもの成長は、教師の力量に規定される。だから、教材研究の
修業は果てしがないのだ

　向山は、駿台予備校で国語テスト百点をとったことがある。これがどの
程度のことかは、分かる人には、分かる。算数で１００点はあっても、国語
では到底聞かない話なのだ。
　気持ちばかり問うような国語授業では、教師の教材分析の力はつかない。
教師が教材と葛藤した時、発問も授業展開も見えてくる。教師だけとは言
えないが、「学校における子どもの成長は、教師の力量に規定される。」と
教師は捉えるべきであろう。

大先達であっても、教材を分析し格闘する

　西尾実国語教育全集第７巻「国語学習への実践的指標」の章で、〝芦田先
生の教室見学〟という節があり、その内容を紹介する。
　芦田先生の「教壇行脚」の飛び入り指導を、（どれほど堪能な教師でも適
切な指導が行えるのかと、）西尾氏ははじめ疑問視していたようである。し
かし、この論文を書く二十年前（昭和１０年頃）に、芦田先生の授業を秋田
市内で一度見学し、なるほどこれならばと、認めたようである。（摘録・板倉）

　芦田先生は、教室に立たれる前に、その教室の生徒について、その生徒た
ちの綴り方を読み、担任の先生の説明を聞いて、指導に必要な条件を十分に
呑み込んでおられる。その他の場所でも生徒に注意し、観察を詳しくされて
いたという。例えば駅に芦田先生をお迎えする生徒達と歓談しながらも、生

キーワード：教材と葛藤する（たかの巣とり）

徒達一人一人を知る機会にされていた。芦田先生の教壇は、このように学習者である生徒一人一人の認識と理解を前提とした指導であったことが、深く注目されなくてはならない。

と西尾氏は強調した。

　向山氏が、筑波大附属小学校で有田和正氏と立ちあい授業を行ったのをはじめ、全国各地で子供相手に授業する時の原則（全員の名前を覚えておくなど）と全く同様であったことが分かる。

　授業中の芦田先生の語調は、親身なおじいさんのような言いっぷりであった。生徒たちの答えを聞き「そうなのね」とゆっくり言われる。いかにもいたわりの深い、底の底まで抱擁しつくしている心もちのあらわれというような感銘が生徒の心を解きほぐし、安心を覚えさせていたことは、見学している私（西尾氏）にもはっきりと受け取れた。さらに、絶えずにこにこ顔の輝かしいこと。こうしたことを、２０年経ったそのときまではっきりとした感銘を残していた。（昭和３３年５月）

　このような記述から５年後に、西尾氏はさらに次の内容を追記していた。

　芦田先生は、大正５年『読み方教授』の総説で、教授法に明け暮れた２０年の非をさとり、教材研究が根本であると主張されたことは、近代国語教育史における画期的な宣言であった。「本（もと）立って，道生ず」根本が立ちさえすれば、方法の末はおのずから成立するということを主張された。爾来、芦田先生は教材研究に集中し、そこからすべて展開してくると考えられている。「教壇行脚」をされるようになってからも、いよいよ教室に出られるまで、教材の前に端坐され、かつ読み、かつ考えられたことは、周知のとおりである。前段で私（西尾氏）が述べていることは、その根本に、芦田先生のそういう教材研究が前提になっていることを見落としてはならない。

　（昭和３８年５月追記）

なお、生徒たちの事前の調べについても、「学習者研究」と名付けて教材研究の徹底、教材研究の一環に含まれている旨が西尾氏の文章に記されている。

　また教室ツーウエイ誌（1988年6月号）に特別寄稿された波多野完治氏の論稿に同様のことをみることができる。

　授業が成立するうえで必要な条件が三つある。

①　教材研究が行われていること。

②　カリキュラムに沿って授業が行われること。

③　教師が子供の実態（興味・関心や心理など含めて）に応じて行われる。

　この三番目の条件こそ、授業論の核心であったと波多野氏は強調する。

<資料５>

学年通信　アバウト No.24　1990.11.26　努力賞　きょうりゅう
アルミ缶オブジェ600点の中のベスト５
暑い夏、せっせとビールを飲んで下さったおかげです。

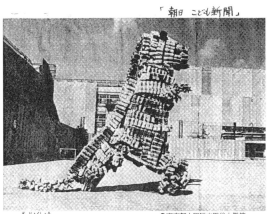

「朝日 こども新聞」

努力賞「きょうりゅう」（約1200缶）　●東京都大田区立雪谷小学校　グループ名「5年」

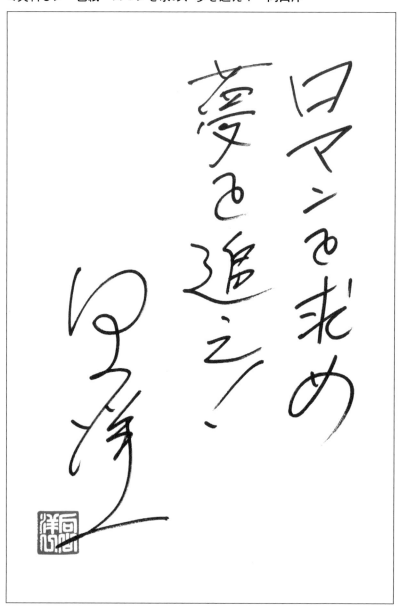

第

5

章

向山型体育

 キーワード　**跳び箱指導**

この目で見た向山実践8

「どんなことをしても跳ばせてやる」という向山先生の言葉に救われた。

1　跳び箱指導―全員跳べたなんてまちがいだった

　同学年を組んで1ヵ月たったある日のことだった。

　私は、体育館で、全員向山方式で跳び箱を跳ばそうと意気込んでいた。跳べない子は4人、過去一度も跳べたことがなかったのはやせ身の男子1人だった。もちろんその子を除いては、あっという間に跳べるようになった。そして、その子が跳べるのにも、さほどの時間はかからなかった。その子は喜び、まわりも大きな拍手を送った。

　「全員跳べた！」私は有頂天になって喜んだ。その日のうちに学年だより（学級だよりも学年だよりと一緒の形をとっている）を出し、子供達に持たせた。悪夢はその日の帰宅途中から始まった。

　教師として、あきれるほど愚かなミスをしていたのだ。書くのもはずかしい。それは、その日、通院で欠席していた特別支援を要する児童のことを、すっかり忘れてしまっていたことだった。クラス全員が跳べたなんて、全く誤りだった。

　その子にすまない気持ちと、教師としてあってはいけないミスに対しての後悔が、心の中をめぐり、その夜ほとんど眠れなかった。次の日、ただただ落ち込んで出勤した。だれかと話をしたら、すぐにも涙がこぼれ落ちる状態だった。

　その日の朝、体育館で朝会があった。事情を向山先生に報告しなければと思い、言葉を発した。同時に、今までこらえていた涙が次から次へとあふれてきてしまったのだった。向山先生は、人目のつかない所に私を連れていき、事情を聞いてくれた。その時の向山先生の言葉は、

　「跳ばせばいい。どんなことをしても跳ばせてやる。学校に跳べる跳び箱

がなければ、作ってでも跳ばそう。」
だった。

　私の涙はぴたっと止まり、（そうだ。跳ばせてみよう。）と思いはじめた。
歩くこと、走ることさえ、足どりは、あぶなっかしい子だ。

　休み時間に、友だち３人と一緒に、その子の練習にとりかかった。

　教科書を跳びこえることから始めた。体育着の入った袋、百科事典、箱
と少しずつ大きくしていった。

　両足で着地できるようになったので、体育館で跳び箱一段を使ってやって
みた、もちろん向山方式である。いつもだったら逃げ出すところだがなぜか
その日は機嫌がよかった。友だち三人が見ていてくれてうれしかったらしい。

　助走と踏み切りはどうしても連続しなかった。何度かくり返すうちに、両
手で自分を支え、両足着地できるようになった。

　友だちは「すごい。」とその子をほめ、拍手してくれた。私は満足だった。
私は向山先生に、その様子を伝えた。向山先生も「それでいい。」と言った。

　向山先生の一言で、涙がひいていくあの状態を今でも思い出すことがあ
る。こんなことは、もう二度と絶対おこすまいと思っているが、今振り返っ
てみれば、貴重な経験だった。

向山の一言8

「向山式跳び箱指導」は誰がやっても、同じように跳び箱を跳ば
せることができる。

　あの時の師尾先生の落ち込んだ様子は今も覚えている。

　その姿を見て、出た言葉だった。師尾先生は、すぐＡちゃんをつれて、
体育館で練習したようだ。

　Ａちゃんは２人の優しい友だちと一緒で、いつも笑顔だった。師尾学級は、
穏やかで、やさしい雰囲気だった。こうした時こそ、クラスの雰囲気が大き
な力となる。

キーワード： 跳び箱指導

　　すぐ行動した師尾先生を見て、師尾先生にとって、このような出来事は、今後に大きく生かされると確信した。

　　師尾先生は、

　「向山式跳び箱指導を学ぶことができ、ほんとうによかったです。」

とAちゃんの様子を報告してくれた。

　　向山の考え出した「跳び箱指導」は当時NHKをはじめ、多くのメディアで放送された。

　　ある時は、撮影スタッフに「練習してください。」と言われたので

　「カメラを回しておいてください。すぐ跳べてしまいますから。」

と言って撮影したこともあった。

　　予想通り、すぐ跳べてしまって、撮影の方々がびっくりしていた。

　「向山式跳び箱指導法」は、そのくらい簡単に、そして短時間で跳べてしまうのだ。

　　それは、向山がやっても、師尾先生でも、また誰がやっても、同じように跳び箱を跳ばせることができるのだ

板倉解説8

　　跳び箱実践は、教育現場にはドラマを、研究者には論争をもたらした。

1　私の跳び箱ドラマは3つある

　　まず向山氏の京浜教育サークルで学び始めて3年目、3年の学年で19名の跳べない子を集め、20分で全員を跳ばせたこと。

　　次に、運動が大の苦手であった3年男子を跳ばせるようになった過程がNHK教育TVの15分番組で放映されたこと。

　　3つめが、波多野ファミリスクール体育特訓教室で15年間、2年生から6年生までのべ500名を跳ばせてきたことである。

2　研究者もその効果を検証

　向山氏の跳び箱指導法については、体育研究者も、その効果について検証した報告がある。

　たとえば、平成１３年１１月スポーツ教育学研究紀要第２１巻第２号「開脚跳びの習得に有効な運動のアナゴロンになりうる練習課題についての検討」の論文である。

　以下、その論文について一部説明する。

　まず運動のアナゴロンとは、ある運動習得のための下位の基礎的運動感覚を身に付ける運動のことである。

　本論文では、そのアナゴロンになりうる練習課題として「跳びだし、タイヤ跳び、うさぎ跳び」など５種目が設定されていた。

　論文作成者（そのうちの一人が髙橋健夫氏）は、諸言で、向山氏の二つの跳び箱論争・論議について触れている。一つは小林篤氏との共有財産化をめぐる論争であり、もう一つは、髙橋健夫氏との技術的課題の捉え方とその指導法をめぐる論議である。

　論文内容で、私はとくに次の点に着目した。

　論文の中で「手を支点とした体重移動が、開脚跳びの重要な技術課題である」とする向山氏や髙橋氏らの指摘を追証できたと書かれていた。

　もう一つ私が注目したのは、開脚跳びと複数の練習課題との相関関係である。重回帰分析やクロス集計の結果、開脚跳びの達成に一番貢献した練習課題は「跳びだし」であったという。

　低中高学年どの学年においても「跳びだし」の貢献度が高かったことが特徴的であったと分析している。さらには、中高学年では、「タイヤ跳び」の貢献度が高いことが分かった。ここでいう跳びだしとは、向山式Ａ、タイヤ跳びは向山式Ｂに相当するといってよい。

　つまり研究者の研究実験によっても向山式Ａ・Ｂの方法の有効性について検証されたことが分かる。

🔒 キーワード： 跳び箱指導

3　向山式Aは跳び下り方の一つの方法

　跨ぎ乗りから両手を着いて前方に下りる、という運動は、体重移動を体感させるための補助運動の役割をもつと私はこれまで考えていた。

　しかし、明治大正期の何冊もの文献を調べたところ、補助運動というより跳び箱運動の下り方の一つであることが分かった。つまり、跨ぎ乗りの状態から最終局面の着地に至る運動には、幾通りもの下り方があったのである。

　向山氏の跳び箱本で紹介された㊟12『文部省新制体操指導要領尋三・四年』では、下り方の要領として片方の足を反対側に上げながら左右どちらかに後ろ向きになって着地する方法があった。また大正2年『小学校体操教授書』や昭和11年『改正学校体操・教材詳解課程精説』には、前向きのまま、両手をしっかり着きながら足腰を跳ね上げて、左右どちらかの側に着地する方法があった。また、簡単な方法として、台上に両膝を乗せてから立ち上がって前に着地する、という運動も例示されている。

㊟12

　向山氏は言う。

「跳び箱指導で私がやったことは、仮説を与え、運動を選択しただけである。選択した運動は古い昔から存在していたのである。」

　古い文献を読めば読むほど、全くその通りであった。

　さらに調べてみると、向山式Bのように横から補助をしている図も見付けた。（1913年「小学体操教授書」（東京宝文館）宮下丑太郎　東京高等師範学校教諭）

　「跳び箱は誰でもが跳ばせられる」という主張が全国に広がった当時、向山氏の跳び箱指導の凄まじい影響は、活字だけでなくテレビ映像にも及んだ。

　NHK総合TV特集「世界の教師」（磯村尚徳氏）というタイトルでは、

向山氏の跳び箱指導が、テレビ朝日のニュースステーション（久米宏氏）では法則化運動の一つの教育技術として、また、江夏豊氏と共演したNHK教育TV「スタジオL」では、向山氏は司会の女性に跳び箱指導の実演を行った。

　さらNHK教育TV「にんげん家族」（さとう宗幸氏が番組案内役）では、板倉学級の跳べなかった子供が跳べるようになるまでのドキュメンタリーとしても放映された。

＜資料７＞　三内丸山遺跡見学　1997. 10. 5

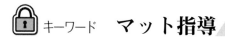 キーワード **マット指導**

この目で見た向山実践9

台上前転の指導のポイントは、踏み切る足にあった。

1　マット運動

　校内研究で、「頭はね跳び」をやることになっていた。師尾が授業を発表する予定であった。

　雨天のため、向山学級が、校庭を使えず、私のクラスと体育館を半分ずつ使うことになった（しめしめ）。

　向山先生は、体育館後方で、マットをたくさん出し、場づくりを始めた。

　観察の目を光らせつつ、我がクラスには、跳び箱の用意をさせた。前時にマットで前転を練習させたので、跳び箱で台上前転をさせるつもりであった。一段から行ったが、それでも、怖がる子、頭がスムーズに入らない子など、結構多く（半分以上）出てしまった。

　しばらくしたところで、向山先生から、声がかかった。

　「1組と2組、チェンジしなさい。」

　我がクラスの子供達が向山先生のところに行き、私のところに向山学級の子供達が来た。

　同じように、台上前転をさせ、驚いた（正確に言うと焦った）。どの子の台上前転も本当に上手なのだ。全く補助はいらない。二段・三段させても同様の安定感である。

　そうこう驚いていると、

　「師尾先生、ちょっと来て下さい。」

の声。向山先生が、我がクラスの子供達にチェックをいれている。マットの幅と跳び箱の長さは殆ど同じである。マットを横に使い、二人ずつ前転させる。それが、どの子も不合格なのだ。ここで質問。

　向山先生の合否の観点は次のどれか。

① 手の着きかたが安全でない。

② まりのようにスムーズに回っていない。

③ 両足踏み切りができていない。

④ 目を開けて回ることができていない。

正直に言うと、私は、これらのどれもが大事だと思っていた。もっと正直に言うと、このような分析的観点はなく、全体イメージで注意していた。

回り方がきれいな子は褒めていた。なのに、なのに、なのに・・。みんな失格なのだ。私が見て、上手と思われる子も全滅なのだ（口には出せないが、寂しさと空しさが私を襲った）。

「師尾先生、足だけ見て下さい。ポンと両足踏み切りができていません。ポンができなくては、台上前転につながりません。」

全く言われる通りだった。両足がずれている子・すべりこむように踏み切る子・両足踏み切りに見えるが微かにずれている子。ひいき目で見ても、向山先生に反論できない。指導していないのだから子供達はできなくても当たり前だった。

「両足でポンと踏み切る。」

そう言えば、子供達は変化するのだ。こうして、観点を教えて頂けば、私にだって、ちゃんと指導できる。

マット一枚の前転の後は、マット二枚、四枚、そして、跳び箱とすすんでいく。

台上前転をする我がクラスの子供達の変化は文章で表現できない。１０点満点で２点から８点位の変化である。台上前転でも、補助はいらないほど安定した。

踏み切り一つで台上前転は安定し、きれいになる。

後日、そのことを根本先生に報告したところ、さらに、分析・理論づけた説明があった（こんな、信じられない幸運に出会うこともあるのだ。私の教育技術は、わずかでも上達したかしら）。

キーワード： マット指導

多くの指導法を知っていて、初めてその中から選択ができるのだ。

　先生方は、マット1枚で、幾通りの指導ができるだろうか。

　縦に使う、横に使う。前転、後転それぞれでどれだけの指導法を身に付けているだろうか。

　こうしたことは学ばなければ、できないことだ。多くの指導法を知っていて、初めてその中から選択ができるのだ。

　マット運動をさせるとき、前転をし、その場から横に出てしまう場面を目にする。技をし終えても、必ずマットの先まで行かせ、そこから出る。

　マットの演技は、マットに入ったところから出るところまでが演技であることは基本中の基本である。そんなことすらできていない教師も多い。向山はそうしたことが気になる。

　何枚かマットを重ねて使うなど当たり前のことである。跳び箱で前転することを怖がる子供でも少しの高さのマットならできる。少しずつ高さを上げていくこともできる。

　両足できれいに踏み切り、着地できることは、技ができることとともに安全とも大きくかかわる指導なのである。

向山氏のアドバイスは、運動学や運動心理学の知見に支えられている。

校内研究「頭はね跳び」にみる運動学理論と運動心理学とは何か。

向山氏が師尾氏にアドバイスした「足だけを見てください」「ポンと踏み

切る」という指示や言葉には、2つの意味を含んでいる。

　1つは運動を観察する眼のことであり、もう1つは望ましい運動や行為を促す言葉・表現そのものである。この観察眼と言葉の表現には、スポーツ運動学や運動心理学の面において、重要な意味をもつことが分かった。

1　運動の習得性

　新生児には反射運動がみられるが、その運動は練習を必要とせず、自然と行える。しかしその他のほとんどの運動は、上手に行うためにそれなりの練習が必要となる。

　子供ができない運動や動きをできるようにするためには、それを細分化することが必要である。そうすることで、細分化された個々の運動や動きを習得する際の負荷が軽減されるからだ。

　人間の運動は、生物学・心理学・認識論的に見て、先天的・非経験的な運動と後天的・経験的な運動とに大別される。前者である生得性（持って生まれたもの）の運動は「吸うこと、飲み込むこと、叫ぶこと」の3種しかないといわれる。だから、人間が行うその他のほとんどの運動は習得性の運動であるといえる。

　したがって、高度な運動、複雑な動きであっても、それを細分化しステップを踏んで指導することで習得することが可能となる。

　細分化しステップを踏むとは、言い換えると動きの内容の順序性に沿って適切な手順で指導するということである。かつて、算数の問題解決学習派の実践家が「手順指示型授業」について批判をしていたが、領域は異なるが運動学理論では、それは運動習得のために必要な手立てであり、たとえ手順指示であろうと軽視すべきではないことを改めて学んだ。

2　マイネルの運動学と観察眼

　マイネルの運動学に基づいた研究本『運動学講義』（大修館書店）から、向山氏の指導技術との共通性を探ってみた。

キーワード：マット指導

マイネルは、自己観察、他者観察という心理学研究法を運動学に取り入れた。その運動観察を通して、運動の適切な順序性や指導手順の問題点を見付け出すことが重要であると考えたのである。

一般的な観察なら「見る」レベルといえるが、問題点を見付けられるのはマイネルが主張する「見抜き」レベルになる。

この「見抜き」の観察眼を習得するには、意図的な訓練で向上を図ることが必要となる。その訓練の一つに、ある視点を決めて意識的に観察することがある。

向山氏が師尾氏に「足だけを見てください」とアドバイスしたことは、運動全体よりも、ある一点の「動き」に注視させることになる。実は、これが運動学理論の「動きの構造（かたち）」の理解へとつながるのである。

3　指導言のあり方

指示・発問は短く限定する、という簡明の原則が第一である。また、子供を動かすときの原則は端的な説明である。このように向山氏は主張するが、これは運動技術の説明の場合でも同様の原則になる。

例えば、元日本スポーツ心理学会会長の^注13『運動指導の心理学』には、「短く、簡潔、最小限に」とある。また、動きのイメージを引き出す言葉として「比喩、擬態語、リズムをとる言葉」が例示されている。

注13

向山氏のアドバイスの「ポンと踏み切る」の「ポン」はリズム言葉の一つとしても前掲書に例示されている。

先に運動観察について述べたが、心理学では見て学ぶことを観察学習という。この学習には4つの過程が必要だという研究者もいるそうだが、私は、その1番目の「注意過程」に着目した。これは示範の際に重要な意味をもつからだ。前掲書で、注意過程の留意点を7項目列挙しているが、第一項目は

①　どこを見るかはっきり指摘する

であった。

　これは、子どもへの指導の一方法であるが、向山氏の師尾氏へのアドバイスと全く同じである。

　このように、向山氏のほんのちょっとしたアドバイスには、その背景を調べると運動学や運動指導の心理学の知見が含まれていた。

<資料8>
　職員旅行の宴会
　※向山は日帰りのため
　　Ｙシャツ姿のまま

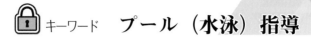 キーワード　**プール（水泳）指導**

この目で見た向山実践10

> プール開きも息を切らすほど泳がせる。

1　プール開き

　プール開きがあった。大変暑い日で、プールサイドの気温は３６度あった。

　その日は、四つの学年が入るため、持ち時間は１時間。専科授業の関わりもあり、正味５０分というところだ。

　あれこれ雑用を済ませ、プールに行くと、もう板倉先生が準備運動を始めている。準備運動を終え、シャワーを済ませたところで向山先生がハンドマイクを持った。

　通常は２列で指導するが、１列である。第一声に私は驚いた。

　「１・２・３」だったのだ。何の説明もない。子供達は、その声に反応し、

　１でプールサイドに後ろ向きになり

　２でプールの中の階段に足を沈めた。

　３で静かに肩まで入るところだがうれしくて、声を上げる。

　「出なさい。」

　子供達がプールから上がったところで、１回目よりずっと静かになる。それでも、小さな声が聞こえる。

　「出なさい。」

さすがに静かになってくる。上がったところで、

　「プールは危険です。声が通らなければ話にならない。」

　"シンプルにしつこく"の向山型指導である。

　一度徹底的に指導すれば、後はスムーズなのだ。ここで「時間がないから」なんて、妥協してはいけない。ここが、教師の力量と言うか、忍々と言うか。子供との勝負とも言える。

　「これが、今日のポイントだ。」とメモを取りながら、納得した。

「水泳指導の記録ノート」にはどの学年もプール開きのセレモニーの記録が書かれている。たった1時間でどれだけ子供達は泳ぐことができたのだろう。教師があれこれ注意をする声が聞こえてくるようだ（かつて私がそうだったように…）。

　このところの向山先生の口癖「小さな親切　大きな迷惑」と少し重なる。

　向山先生の全くむだのない流れるような指導をメモする私の手が忙しい。

　板倉先生は、泳げない子を個々に指導している。

　何の打ち合わせも相談もいらないのが学年の仕事の能率を上げている。

　自由泳ぎの時間もとり、子供達は息を切らすほどたくさん泳いだ。

　最後は、耐久泳である。4校時であるので、まず、給食当番を先にあげる。そして、耐久泳の希望者をプールに入れる。それ以外の子たちは、更衣室に向かう。全体の3分の1くらいの子供達30人が耐久泳にはいった。プールに円を描くように一方通行で泳ぐ。足がついた子は、プールから出る。

　時間差をつけてプールからあげているので、目洗いもシャワーも混雑はない。給食当番が給食準備をしているのであせることもない。

　昨年はほとんど向山先生が全体指導をしてくれた。今年は輪番でやることになった。

2　水泳指導―検定

　校内の水泳記録会は5、6年合同で行われた。

　2学期に入り、たった3回の水泳指導。4回目は、水泳記録会である。今年は天気がよく、90分が2回と45分が1回の水泳指導ができた。

　プールに行くと、例によって、板倉先生の準備運動がはじまっていた。

　板倉先生の水慣れの指導が終わると、向山先生が指導にはいった。90分のなかで、110名のタイムをはかり、子供達が望んでいる検定をし、自由泳ぎの時間も与える。

　こうして文章にしてみると簡単なようだが、これだけの内容を消化するためには、向山先生の緻密な計算がある。

　ストップウォッチは、板倉先生と私が各2個ずつ持つ。4コースしか使わ

キーワード：プール（水泳）指導

ない。スタートは、向山先生が受け持った。記録は各クラスの名簿を持った子が、それぞれ、私たちの後ろに立つ。板倉先生と私は、本人にタイムを告げる。タイムを聞いた後、クラスごとの名簿に記入してもらう。

　泳がせる順番は級の上の者から行う。最初は、女子３人、男子１人の黒帽（特１級、学校で一番上の級）４人だ。これが盛り上がる。学年全員の注目のなか、この４人も、ファイトが湧く。その４人の動きが、その後の子供達の学習になる。上の級から行うと、同じくらいのはやさになり、時間のむだがない。また、お互いの競争心もかきたてる。

　最後に、２５メートルがやっと泳げる子へ、声援の声がとぶというわけだ。

　タイム測定の後は検定に入る。これも上の級から行う。タイムを測り終えた子はちょうどいい間隔で休むことになる。上の級からやれば、検定種目にダブリがなくなる。タイムの測定は、ひとりずつはやらない。

　「何秒以内」かが分かればよいのだから１位の子がゴール５メートル前になったころ、先生が秒をマイクで読みあげる。一度に６コース、６人の検定ができる。

　一番下の級までの検定が終わった後で、検定できなかった一番上の特級の子供達を泳がせる。

　その後、特級以外の子は、自由泳ぎに入った。この特級以外の子というのも大きな配慮である。たった数人の特級の子なのだから、一緒にさせてもかまわないところなのだが、こうして分けることによって、特級以外の子は、不思議なほど得した気分になる。特級の子には

「君たちは特別に泳いで疲れたから、少し休もうね。」

の配慮なのだ。

　自由時間の後は耐久泳。プールを時計まわりの一方通行にし、一周５０メートルと計算する。ふつう、耐久泳の検定は時間がかかり、他の子を待たせるはめになりやすい。向山先生は３メートルほどの間隔で、次々とスタートさせる。１００メートル、２００メートルの検定がスムーズに終わる。

　その後、全員を２５メートルずつ自由型、平泳ぎ、背泳ぎ、もう一度自由泳ぎと泳ぎ方を指定して４本泳がしたあと全員で耐久泳に入る。

足が着いた子から、シャワーを浴びる。時間差がついているためシャワーで並ぶ者もない。最後の最後まで、児童の動きを考えた指導である。プールが「空いている」状態がない。それでいてきめ細かく組み立てられているのだ。

3　水泳―エントリー表作成

２日後に水泳記録会をひかえた水曜日の最後の水泳指導は、エントリー表作成のためのコース順を決めた。

それぞれの子の記録は、既にとってある。準備運動とシャワーを終えた後、記録会のためのコース決めをすることを告げる。

1　参加人数の少ない種目から行う。

2　並び方はタイム制だがアバウトでよい。

3　全部のコース（６コース）でレースを作らず、１コース少ない状態にする。

板倉先生と私が男女に分かれ、担当する。向山先生に呼び出された種目ごと、遅い順に並ばせ、コースを決めていく。５人ずつのコースが決まったところで、レース順にエントリー表に自分の名前を書かせる。

書いた子供から、向山先生の指示で、自由泳ぎの時間に入る。普通、全員が終わるまで待たせるが、そんな形式的なことはしない。

「私だったら、２５メートル自由型の大勢の子どもの種目からやっちゃいますね。でも、人数の少ない種目からやるとスムーズなんですね。」

と言うと

「人数が少ない種目からやるというのが、こつなんですよ。後の子は前の子を見て学習でき、教師も要領がつかめてくるでしょう。」

と向山先生は説明してくれた。

（さすが、プロ！）

向山先生と自分との大きな違いについて報告した。

「５コースずつ決めていくっていうのも、私にはできません。つい６コース全部入れちゃいます。ボケッーとしている子が２人後から、『私、入って

73

いません』なんて来ましたから、そんな子出てきたら、ふつうならどうなっちゃいますよ。全部かえなくちゃいけなくなって、今回はちょっと頭にきましたけど、『しょうがないわねえ。』ですみました。」

その他にも、タイムを１０秒まちがえていた子などが出たが、１コース空いていたため、とても簡単に調整できた。

「見学者や、欠席者などもいるわけだから、間違いがあって当然だという前提で5コースにしたのです。」
と向山先生は言われる。

後になれば、本当に言われる通りだと分かるが、子供達の行動のすべてが見透かされていることに驚かされた。

自由泳ぎの後、エントリー表通りに並ばせ、レースごとに泳がせた。たったこれだけでレースもコースも確認できた。

エントリー表を作るのに普通ならば、名簿に書かれた記録を個々に切りとり、個票を机上に並べ、コースを決めていく方法が多いのではないかと思う。

そのため教師は、個票作成、学年照合のコース決め、決まったものをエントリー表に記入と放課後を一日つぶしての作業になるのではないか。

朝、もらったエントリー用紙を昼には体育主任の机上に提出したところ、
「もうできたのですか。」
と驚かれてしまった。

他にプール納めのこと、緊急時着衣泳（洋服を着たまま）の水泳指導のことなどもあるが書き尽くせない。

向山の一言１０

泳ぎが得意でなくても、すぐれた水泳指導はできる。

師尾先生のエピソードを読むと、さぞや向山は水泳が得意であったと思うかもしれない。

実は向山の泳ぎは大学でやっと身に付けたものであった。大学生となり、教員の免許をとるためにかろうじて２５メートルを泳げるようになるが、それまでは、全く泳げず、屈辱の人生を歩んだ。

小学生の時、体育の授業で水泳はなく、夏休みの期間中だけ許可された子が入った。ただし、当時のプールは戦争中の防火用水槽であった。

私はといえば、ツベルクリン検査（結核）の結果で医師から水泳を禁止されていたので、一度もプールに入ったことはなかった。

中学校では学校にはプールがなかった。結局、９年間一度もプールに入らなかった。

そして小山台高校に進学。プールはあったが時としてめちゃめちゃなことをする学校で、水深３メートルもあるプールに飛び込ませられたことがあった。

小山台高校は、昔、海軍兵学校に一番多く入学していた硬派の伝統が生きていた。金槌の私は、当然のことながらプールの時間のたびに腹痛を起こした。

けれども、このときに水に浮くことと呼吸することを教えてもらった。その時の先生がなわとび健康法で著名な榎木繁男氏であった。

先生は私が水に浮けるようになるまで、背中を支えていてくれた。

また、息つぎでは「ぱっと息を吐き出せ」ということだけを教えられたことをいまでも覚えている。

Episode 10 キーワード： プール（水泳）指導

> 向山氏の水泳指導にはシステムがあり、安全と運動量の確保が根底に貫かれている

1　向山氏の水泳指導には安全と運動量の確保が常に意識にあった

　向山氏の浮きや息つぎ指導の原点はここにあったのである。大学では教員免許取得のために、４年生のせっぱつまった中で、一泳法２５メートルをやっとの思いで習得したという。向山氏にはこうした原体験が存在した。

　泳げない子供の気持ちが十分過ぎるほど理解できたので、個別指導は進んで行ったという。

　水に浮かせるまでの指導については、向山氏は自分の体験をもとにしていると述べている。つまり、「陸の上でのだるま浮きの姿勢をとって息を止めて１０数える。このとき、両手でしっかり膝を抱える、両足の間に顔を埋めさせる、ゆっくりと数をかぞえる」ことがポイントである。そして、水の中では、指導者が子供の体を支えてあげる事が大切であると強調する。

2　バックワード・チェイニング（逆行連鎖）と向山実践

　２５メートルを泳げない子をプールで泳がせる場合がある。一般的には「泳げるところまで泳ぎなさい。後は歩きなさい」と指導するだろう。ところが、向山氏の指導はそうでなかった。

　「あとこれだけなら泳げそうだというところまでは歩きなさい。そして、そこから泳ぎなさい。」

　鈴木良幸氏が夏のセミナー後の懇親会で、「２５メートル泳げるようにする手立て」を向山氏に直接尋ねたときの回答である。

　師尾氏も、向山氏がそのように言われていたことを覚えていた。私も２５メートルを泳がせるときに、そのような指導をされていたことを思い出した。

　実は、これはエビデンスのある立派な指導法の一つであった。バックワード・チェイニングつまり逆行連鎖を意味する。例えば、生活や運動のスキ

ルは練習しないと身に付かない。それには、スキルを一つ一つの行動に細分化し、スタートからゴールまでの易しいレベルから難しいレベルの過程をスモールステップで習得していくのが一般的である。このスタートから順に、できる所までやらせ、その後を指導者が補助していくのがフォワード・チェイニング（順行連鎖）といい、はじめの方は指導者が補助して進め、ゴールまで一人でできそうなところは自力でさせること、そのように自分でできる過程を逆進するように増やしていくことをバックワードチェイニング（逆行連鎖）という。

　心理学者スキナーの行動分析に基づいた理論であり、人の行動や心の働きを、個人と環境との相互作用に基づくと考え、しかも環境側に行動の要因を見出し、問題の解決を図ろうとするところに特色があるとされる。

　この逆行連鎖のタイプは、言い換えると「成功体験の積み重ね」といってもよく、向山実践によく見られることに気が付く。

　跳び箱指導のA式指導、赤鉛筆でなぞらせ最後の部分だけ自分でさせる指導、また応援団のハチマキ指導、さらには法則化時代の高畑庄蔵氏が開発した画期的なフープとびなわで「回して（クルッ）、止めて（パシッ）、跳ぶ（トン）」のなわとび指導等、すぐに思い付くものだけでも数例あげることができる。

3　向山型水泳指導の理論的背景を探る

　このように個人が泳げるための水泳指導については、向山氏の記述があるが、学年全体を動かす指導システムの原風景は、向山氏の文献では、私はほとんど目にしていない。

　間接的にではあるが、向山式水泳指導にリンクする文献は存在する。

　それは、向山洋一氏の華麗なる一族とのつながりである。

　向山氏は行雄氏とともにご兄弟だけが教育界で有名なのではない。林夕美子氏は、向山氏の従姉にあたる方で、お茶ノ水女子大学卒業後、アメリカの大学に留学し、研究を深め、日本における0歳児水泳指導の草分け的存在となった。また、そのご主人である林裕三氏も東京大学卒業後は、日

キーワード：プール（水泳）指導

本水泳連盟理事などを務めている。

　お二人の著書に、『0歳からの水泳指導』講談社があり、1990年には海外からも識者を招いて国際シンポジウムを開催している。また林裕三氏には『競泳のコーチング』（大修館書店）の共著があり、スポーツ科学や身体福祉論の第一人者宮下充正氏ととびうおスイミングクラブの波多野勲氏らと執筆している。

　前述の国際シンポジウムをまとめた冊子「ベビースイミング国際シンポジウム90 IN東京」（社団法人日本スイミングクラブ協会）があり、この文献からも向山氏はしっかりと学んでいることが分かる。

　0歳児の水泳指導では、世界的にみると2つの系譜が見られる。つまり伏し浮き・息継ぎするスカボロー方式、背浮きのバン・ダイク方式である。これは、現在の小学校でも同様である。

　乳幼児水泳の目的は、溺れない技術を身に付けること、さらに泳ぐ距離・時間を伸ばすことにおいていると、林氏はこの冊子で主張する。

　外国の指導で「ブレスコントロールが大事である」と強調されていたが、そこにしっかりと向山氏は赤の波線を数行に渡り引いている。この息つぎの重要性については、林氏も同様に指摘しており、以下の「泳げるようになるまでに必ず習得すべき七つの段階」を見ても分かる。

　　a　水中もぐり

　　b　背浮き（呼吸して5秒以上浮く）

　　c　背浮きキック（背浮きでキックして3メートル進める）

　　d　伏し浮き（3秒くらい漂う）

　　e　息泳ぎ（頭を水中に入れ手足を動かし目標物まで泳ぐ：年齢×1メートル）

　　f　息つぎ（3回以上息つぎして続けて泳ぐ）

　　g　息つぎ泳ぎ（息つぎ泳ぎで10メートル以上）

まさに、向山氏の低学年の水泳指導そのものであろう。向山氏は、水泳指導の専門家や海外の指導法からも水泳指導理論を学び、意識していたことが伺える。

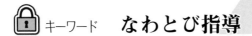

Episode 11

キーワード　**なわとび指導**

この目で見た向山実践１１

> なわとび級表の上達のシステムと威力がすごい。

　向山先生からもらった「なわとび級表」の威力がすごい。教えなくてもクラス全員がレベルアップする。休み時間も友だちと組んで、なわとび表にそって練習する。

　体育の時間も、授業開始５分ほどは、なわとびの時間にしていた。前とび２０回、後ろとび２０回、あやとび２０回、後ろあや・・・と次々に指示するだけでよい。

　最後は男女二重とびリレー。男子と女子が一列に並び向き合う。一人ずつ、二重とびをし、引っかかったら次の人に代わり、リレーしていく。二重とびができないと戦力にならない。必死で子供達は練習し、できるようになる。女子の方が強いのは、やはり練習量が違うからだろう。

　向山先生に教えてもらい、級ごとに、とびなわの柄か、ロープの付け根のところに色のビニールテープをつけた。とびなわを見れば級が一目瞭然で、これも上達に大いに関係がある。

　「向山式なわとび級表」と「級別テープ」には子供達が上達するシステムがあり、その効果は驚くべきものがある。

　向山学級には、四重とびができる子がいた。ある時、職員室でその子が先生たちに披露した場面がある。その子は、足が早く、都の大会に出ても上位に食い込める実力があると向山先生は言っていた。目にもとまらぬロープの速さで、四重とびをはじめて見たという教師が多かった。

　向山先生がなわとびをするところを見たことがある人は少ないだろう。私はこの目でしっかりと目撃した。出会った頃だから、向山先生は、４０代後半だった。

キーワード：なわとび指導

　お腹のせいで持久力こそ落ちているが、跳ぶ格好はなかなかのもので、「あしたのジョー」とまではいかないけれど、「あしたの洋（ヨー）」と呼んでもいいくらい格好がいい。

　余談だが、クラブ見学の時だったが、向山先生と卓球をしたことがある。卓球もかなりお上手で、打ち込む時の姿は、迫力がある（結構几帳面なフォーム）。サーブは回転がかかり、とりにくいサーブを出す。

向山の一言11

> 高校時代は、冬になると荒縄での縄跳びが盛んだった。向山も二重回し、三重回しができていた。

　小山台高校は、荒縄を使うなわとびが盛んだった。

　荒縄は、太く、持ち手もなく、操るのにかなり難しい。冬になると担当の先生の指導があった。そのため生徒は皆上手く３年生になれば、荒縄で二重回し、三重回しなどできていた。

　向山も陸上部キャプテン、当然そのくらいのことはできていた。

　小山台高校は当時、早稲田、東工大の合格者数は日本一、東大にも多数入っていた。文武両道、勉強はもちろん運動面でも優れた生徒が多かった。

　教員室で、向山学級の鳥羽君に四重回しを、披露してもらったことがあった。

　鳥羽君は、当時１００メートル走の記録で全国一位、二位を争うほどの記録を持っていた。体つき、筋肉も小学生離れした運動神経が抜群の子だった。ジャンプの高さが明らかに違って高かった。跳び上がり、着地するまでの時間が違って、四重回しを連続３０回くらいはできていた。

　見ていても、四重回しでも、二重回しと変わらず、ゆったりとリズムよく跳んでいた。

向山式なわとび指導には、原理とシステムがある。

1　向山氏が開発した級表は、「向山の授業システム」の出発点

　なわとび級表は、そこに込められた発想が極めて重要である。つまり、なわとびは他人の補助が成り立たない。

　跳び箱や逆上がりは教師や友達同士の補助が可能である。なわとびはそれが皆無であり、自力で上達させるしかない。そこで、できないことをできるようにするために大切な要件は、上達の見通しを示してやることだと、向山氏は強調する。

　そのための優れた方法の一つが、スモールステップを踏んだ級表である。

　かつて、向山氏が新卒で勤めた大森第四小学校はなわとびが盛んであった。2年生になるとほとんどの子がカードをもとに二重回しを上手に跳んでいた。上手な子はすぐに上達したが、なかなか進めない子もいた。そこで向山氏はもっとスモールステップにする必要を感じ、下学年は一重回し、高学年は二重回しとして、毎日少しずつ練習することで上達するような二種類の級表を作ったのである。

　これが現在の級表A・Bの原型となった。向山氏は、この「なわとび級表」こそ、自分が作った最初の「向山の授業システム」であると主張している。

　ところがこうした目安としての表は、子供が熱中しすぎて抑制が効かないことが起きる。教師がそこはコントロールしてあげる配慮が必要だとも述べている。

　例えば、第一には、心臓や喘息など病弱な子への配慮。第二には、足首を痛めるなどやりすぎる子への配慮。こうした配慮がなされたうえでの、上手に作られた挑戦の目安でなければならないと、向山氏は呼びかけた。

　こうした級表は全国の学校で作成されている。附属小学校の総本山である、附属筑波小でも同様である。ちなみに現在の筑波大学は1878年、体育指導者を育成する「体操伝習所」が前身で、後年東京師範学校体育専修

科に改組された。ここから、なわとびを全国の学校に普及させていったという。

　この筑波大附属小の古屋三郎氏は、当時の体育界を代表する実践家であるが、その古屋氏をして驚かしめたのが、近代体育の始祖といわれるグーツ・ムーツである。ムーツは１７９３年世界で最初の体育書『青少年の体育』を書いていた。この本の第２版第１５章には短なわの課題が１５種目あげられ、一つ一つの課題を順次練習していくようになっている。

① 　簡単な前まわしとび（一回旋二跳躍か）

② 　簡単な後ろまわしとび

③ 　走りながら前まわしとび（一回旋一跳躍）

④ 　ステップをしながらの前とび（前振り跳び）

⑤ 　あやとび（前まわし、後ろまわし）

⑥ 　簡単な前まわしとび、交叉跳び、二重回しの組み合わせ（以下省略）

　古屋氏は、ムーツの課題練習は、運動技能を得点尺度に替える方法であり、それは自分が最初に考案したと思ったが、すでにムーツの体育書に書かれていたことを知り、敬服したという。（注14古屋著『なわとび』）

注14

　向山氏が開発したなわとび級表は、こうした世界的な文化遺産に名を連ね、継承していることを確認できた。

2　ＴＯＳＳが開発したなわとび指導システム

　向山氏のなわとび指導の原風景は、小山台高校の榎木繁男先生の実践にある。

　１９７０年代、大人がなわとびに夢中になった要因に次の２つが挙げられる。

　それは、榎木先生の「５分間健康法」と鈴木勝巳さんが世界記録へ挑戦したギネスの記録ホルダーであった、

　さらに１９８０年代には学校でもなわとびが盛んになった。

学校教育とは別の財団法人：波多野ファミリスクールでもなわとび指導が行われた。１９８２年、この教室は向山氏と石黒氏が指導講師を依頼されて始まった。はじめは跳び箱と逆上がりの２種目であったが、１９８６年、体育特訓教室の講師として筑波大附属小の林恒明先生がなわとび指導を行い、３種目に増えた。

　「スーパーとびなわ」教具が、当時開発されていたので林先生にも紹介すると、太鼓判をもらい、東京教育技術研究所（現・教育技術研究所）から参加人数分注文した。当時、林先生の学校では、とびなわの柄は竹を使っていた。しかも長めの柄である。これはスーパーとびなわと同じ原理で、柄を適度に長くすることで回転力を付けさせていたわけである。以来、１０年以上にわたり、特訓教室ではスーパーとびなわが使われてきた。

　春休み６日間での練習で二重回しの達成率は、約３割であった。跳び箱が９８％、逆上がりが５割という結果に比べると、補助ができない分難しさがあったが、それでも効果は十分にあった。

　１９８６年から１９８７年に教室ツーウエイ誌でなわ跳び指導が連載された。青森県の西田真人氏のなわ跳び指導である。西田氏は何人もの教え子をギネス認定や世界記録保持者に育てるほどの、すぐれた実践家だった。

　ＴＯＳＳが開発したとびなわ教具を使用した指導ステップは、西田実践から学んだところが大きい。

　私は、このＴＯＳＳ型指導法と前述の林氏の指導法を両方体験したが、指導法のポイントが異なることに気付いた。

　前者は一貫して、あくまでも一定のリズムと姿勢を大切にする。

　後者はとにかく１回跳べることをまず目指す。そのためには、ロープを一回旋する間にできるだけ滞空時間を長くすることが必要となる。すぐに着地するのではなく、ぎりぎりまで我慢するために体をくの字にして、しかも腰を下ろすような姿勢になるため、林氏は「腰抜け二重跳び」と命名していた。

　どちらの指導法にも優れた技術があり、子供の実態に応じて、私は使い分けていた。どちらの指導でも間違いなく二重回しができるようになった。

1990.6.1（金）
5年　学年通信
No.15. 向山版

なぜ阿波踊りか　　一人一人が輝きていて！！！

　どうして「阿波踊り」を選んだのかという理由も一応はあるのです。
運動会で演じられる種目はさまざまです。
　力強さを表現したものもありますし、集団の美を表現したものもあります。
それぞれに工夫もされ、すばらしい出来栄えです。

　私たちは、一人一人を表現させたいと思いました。
　一人一人の個性を見ていただきたいと思ったのです。

　130名ものこどもたちが演技するときに、一人一人の個性を発揮させるの
は可能でしょうか？
　私たちは「阿波踊り」なら可能と思いました。
　「阿波踊り」は、基本の動きは同じですが、「ふり」は一人一人ちがうから
です。いや「一人一人ちがうふり」こそ、「阿波踊り」のすばらしさです。

　問題は「一人一人の個性的なふり」を、持たせることが可能かどうかです。
これは、教えてできるものではありません。
　一人一人の心の中、身体の中にかくれているものを見つけさせ、ひっぱり
出す教育です。
　「教える教育」から「ひっぱり出す教育」へ、方針を変えねばなりません。
　最初、指導したとき、大きの子は（およそ80%の子は）、いやいやでした。
動きも、棒立ちそのものです。
　これでいいのです。教育は、こういうところから始まるのですから…、
「みんなもっと真剣になって…」というようなお説教はしませんでした。

第

6

章

学校行事—運動会・学芸会

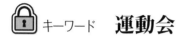 キーワード　**運動会**

この目で見た向山実践１２

極意は、シンプルにしつこく。

1　ひっぱり出す教育―阿波踊り指導

　阿波踊りへの道は、新年度早々始まった。

　４月１２日、遠足実踏、目的地のつくし野アスレチックの隣りはマクドナルドだった。

　実踏後、同学年４人でアイスクリームを食べながら、話がはずんだ。だれからともなく、６月３日の運動会に向けての話になった。いつもそうだが、向山先生は、我々若手の話をじっくり聞く。ひととおり出つくした後で、「以前、阿波踊りをやったことがあるんですがうけましたよ。入場にでもやりましょうか。」

　「うけましたよ。」の言葉にひかれ、我々は身をのり出す。

　「一人一人表情があって、観客は大爆笑……。」我々はますます身をのり出す。マクドナルドを出る時には、話は既に決まっていた。

　「阿波踊りで入場、そして、演技。」

　第１回目の指導は、翌日の音楽朝会後だった。その指導は、芸術的なほど短く、洗練されたものだった。５分とは言わないが、７〜８分で終了していた。

　後片付けをしていた朝会指導の先生が、それを見て、笑いながら拍手をしてくれた。私は、こうした向山先生の指導を、少なくとも１年間、うまくいけば２年間も見せてもらえるかと思うと、喜びで体が震えた。その短い芸術的な指導を事細かく書きたいのだが、うまく表現できない。子供の作文メモを引用する。

4月13日、向山先生が阿波踊りを5分間教えて下さった。ポイントは
① 足…1・2・3・4のリズム
② 足…がにまた
③ 手…自分でつくる
④ 面…鏡を見て、顔つきを考えておく

と書かれている。短時間でひととおりの阿波踊りの流れは説明されている。そして、足の動きを①リズム　②がにまた　③腰を落とす　の三段階に分けて指導した。

　同様に2回目は手、3回目は面と、朝会後に10分程の指導を積み重ねていった。のりのいい子は、この3回の指導で、ほぼでき上がりに近いものとなった。しかし、大半の子はいやいやだった。作文にも次のように書かれている。

運動会に出たくない。すごくはずかしい。こんなことが平気でできるやつがうらやましい　男子　R・A
もうこれは、どんなことがあってもできない　女子　M・S

　私は、この子達の気持ちが分かるような気がした。嫁入り前にさせる格好ではない。手本をしろと言われたらどうしようと思っていた。しかし、反面、この子達を、どのようにしてひき上げていくのか。向山先生の指導を心待ちにした。

　次の練習からは、テスト形式の指導となった。各組2列、8人の子供達が横にならび、体育館中央にいる向山先生に向かって踊り出す。向山先生は、一人一人に点数を付けていく。ものすごいスピードで、8人の採点に15秒とかからない神技である。

　「今日は初めてですから、3点で合格です。不合格の人は、もう一度いらっしゃい。」

　10点満点である。ほとんどの子が1点か2点である。棒立ちの子は、いつまでも0点、1点である。

　しかし、多くの子は、次々に合格していく。そのうちに、棒立ちの子に教

える子が出てくる。合格すると、拍手、バンザイがわきおこる。３点をとるために必死である。何度もくり返され、その日に全員「３点合格」となった。その熱気は、緊張と喜びに裏付けされていた。

　全員合格のあと、向山先生は、とつぜん
「先生たち、一言お願いします。」
と言って、マイクをさし出した。我々三人は、必死でのってみせる。嫁入りは済んだものの、とても人前では踊れないと思っていた私だが、子供の前でしっかり踊ってしまった。

　子供達が拍手などくれるから、またまた、我々はのってしまう。全員が笑いに包まれた時、授業終了のチャイムが鳴った。これもまた芸術だった。

　こうして、テスト形式による授業が３回ほどくり返された。

　そして、運動会３日前の５月３１日は、「１０点合格」の日だった。
　私は、その日、３８度の熱があった。でも、どうしても１０点合格の子供達を見たかった。

　いよいよ、５校時、いつものように、子供達は、テストの隊形に入る。体育館を緊張が包む。音楽が鳴り出す。子供達が踊り始める。

　うまい。どの子もすごい。本当に、一人一人ふりがちがう。表情がちがう。次々と合格者が出て、歓声が上がる。でも合格者の場所に子供達はいない。全員を合格させるために、皆が必死なのである。私はその光景を見て、熱のせいか、目頭が熱くなり、胸をしめつけられるような気がした。やっぱりこの日を、この目で見られてよかった。

　前述した子どものその日の作文は次のように変わった。

始めの感想では、こんなことを平気でできるやつがうらやましいなどと書いたが、そのうらやましいやつに、ぼくがなったようなもんだ

男子　Ｒ・Ａ

> もう完ぺきにできる。自信たっぷり。この調子でいくと、運動会の日は、
> いままでの練習以上にできると思う　女子　M・S

　子供達の心の声が、何よりも変化を正直に証明してくれている。
向山先生は、阿波踊りについて、学年通信「アバウト」で、次のように書か
れている。

> 「阿波踊り」は基本の動きは同じですが、「ふり」は一人一人ちがうの
> です。いや、「一人一人ちがうふり」こそ「阿波踊り」のすばらしさです。
> 「一人一人の個性的なふり」は教えてできるものではありません。一人
> 一人の心の中、身の中にかくれたものを見付けさせ、ひっぱり出す教
> 育です。「教える教育」から「ひっぱり出す教育」へ方向を変えねばな
> りません。

　「ひっぱり出す教育」を我々は目撃した。いつもいつも、熱気に満ちていて、
楽しく、そして緊張感があった。
　一度もどなることなく、練習予定を3回も下まわった。そして、でき上がっ
たものが「一人一人の表情とふり」だった。
　運動会当日、もちろん、一人一人輝いて、観客は大爆笑だった。1年生
からアンコールがとんだ。家に帰っても、もう一度やってほしいとうるさかっ
たらしい。町内会の夏休み盆踊り大会に出場依頼が来たほど話題になった。

2　ひっぱり出す教育2―阿波踊りふたたび

　2学期の大きな行事の一つに連合運動会（区内の近隣校六校合同による
運動会）がある。
　6年生が代表してその運動会に出るのだが、我が校は、「阿波踊り」で参
加することにした。子供達に告げると多くの子が喜んだ。反応から昨年の
運動会ののりが期待できると思った。
　雨が降り水泳ができないので、学年合同で、体育館で阿波踊りをするこ
とにした。1年ぶりである。

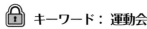

　ところが、阿波踊りの音楽を流してもだれ一人踊らない（どうしたのだろう）。

　忘れたのか？

　いやなのか？

　ざわざわしているだけで、全く踊ろうという気持ちさえみえない。

　私は、音楽さえ流れれば、当然、子供達は勝手に踊り出すと思っていた。

　しかし、子供達が踊らないおかげで、また、向山先生の見事としか形容の仕様がない指導を見ることができた。

　音楽を流したまま、

①　「足だけ動かしなさい。」

　これだけの短い言葉を、音楽のじゃまにならないようにはっきり、リズミカルに３回ほど言った。

　その言葉で、子供達は魔法にかかったように動き始めたのだ。はじめは、あちこちで、ほんの数人の子が動きはじめ、そこから、池の波紋が広がるように、動きが広がっていくのだ。あちこちで起きた波紋がきれいに全体に広がるのに２分とかからなかった。

②　「次は、手を付けなさい。まわりとぶつからないように。」

　音楽を流したままであるが、言葉は短くはっきり、聞きとりやすく、音楽を妨げない。

　もつれた糸がほどけるように、かたまったところがなくなり、体育館全体に広がっていく。

③　「動き出しなさい。」

　ゆっくり走り出す新幹線のように、全体が動きはじめ、やがて、体育館に円を描き流れはじめた。

　私は子供達の動く様を、きつねにつままれたような思いで見守っていた。

　これまでもこうしたことは何度かあった。気が付くと騎馬戦の組が出来上がっていたり、説明を聞き終わるときれいに図式化されていたり…

　どこにも無理がなく、いつも自然なのだ。

　やっと助走で阿波野踊りの動きができるようになった後、

④ 「点数を付けます、各組１列にならびなさい。」と３人ずつ踊らせ点数
　を付けていった。
「３点で合格です。」
ほとんどの子供が合格する。私にはいつもよりずっと甘いように感じた。
なぜか？
⑤ 「次は５点に挑戦する人！」
　向山先生の声に、３点合格の子供達がどっと動いた。５分程前に全く動
かなかった子供達が、我先に踊り、挑戦してくるのだ。向山先生は、一見、
甘すぎると思われる３点合格に、子供を動かす計算をされていたらしい。
　もう、そこまでくれば、昨年と同様である。
　合格しない子を合格した子が教えはじめ、あっという間に、１０点合格挑
戦である。
　子供達ののりにのせられて、向山先生も、楽しそうである。
　その近くに、男子が数名すわりこんでいる。何をしているのかと見ている
と、向山先生と同じ調子か、もっとはやく点数を付けている。そして、その
点数が向山先生と同じかどうか確かめているのだ。それがほとんど当たって
いる。
「かすかに、足があっていない。」
　向山先生の口調が子どもの口からとび出る。私は思わずふき出してしま
う。点数を付けることができる子は、多分１０分の１のリズムのずれを感じ
とっているのだ。
　点数付けを遊びにして楽しんでいる子は、ほとんど、やんちゃな男子で
ある。

３　運動会当日―審判長の仕事

　運動会当日、向山先生は、足をひきずって出勤して来た。右足のかかと
が痛いと言う。ご自分の診断では、かかとの血の巡りが悪いとのことだった
（多分血は頭脳に行っているにちがいない）。
　向山先生は審判長である。今年は、私も審判の係になった。

キーワード：運動会

　足が痛いといわれても、結局、事あるごとに小走りに動かれる。誰がどこで何をするのかという審判係の仕事一覧表も、向山先生が作られて配付された。低学年の紅白リレーの時も、審判長の出番があった。3年生がバトンゾーンでバトンを落とした時の対処である。

　向山先生は、前日打ち合わせの時、「低学年リレーでは厳しくはしない。目に余る違反があれば、その時に応じて判断する」と職員全体に、審判についての共通理解を図っている。
　それをふまえて、参観している親たちへ次のような説明を行った。

　「低学年リレー、男子の黄色チームがバトンゾーン内でバトンを落としました。低学年リレーは、高学年のようにはルールを厳しくしないという審判の方法をとっています。しかし今回、前の走者の落としたバトンを次の走者が、ひろって走ってしまいました。一生懸命で夢中であった結果のできごとですが、1年生の子たちも、落としてバトンを自分で拾っていました。これを認めますと、バトンを投げてもよいということになってしまいます。従って、残念ではありますが失格といたしました。」

　この説明にだれが不満を持つであろうか。静まりかえった校庭の多くの親たちのうなずきが私の目に入った。
　（と、まあ）　一つ一つ書こうと思えばきりがない。反省会のための職員集合が4時すぎにかかった。

4　当日―運動会の反省会で
　「自分たちの学年を自画自賛して下さい。」
との教頭の言葉を受けて、6年を代表し組体操担当の板倉先生は、簡単に組体操について説明し、「自我ずさんでした。」などとうけをねらった。板倉先生は、挨拶の度に精選された言葉でうけをねらう。

　板倉先生が、いらっしゃらない中、運動会の練習が始まった。演技はも

ちろん、期待どおりの「阿波踊り」。団体競技は騎馬戦だった。

　私は２年前の「阿波踊り」のインパクトが強く、あの感激はもう味わえないのではないかと思っていた。

　２年前の「阿波踊り」は踊らせるまでが大変だった。自分のからをうちやぶって、踊るようになった子供達の成長に私はドラマを感じていた。今年は、２年前の阿波踊りを見ている子供達である。多くの子ははじめから、阿波踊りをやりたがったのだ。

　この予想しなかった子供達の阿波踊りへの反応が面白かった。朝から、はちまきをしめている子、阿波踊りをやってほしいと言いにくる子、男子も女子も、スタートからもり上がっていた。特に女子の踊りは、

　「こんな格好させてよいのだろうか。」というところまでのっていた。

　運動会が終わって、阿波踊りの本当の評価を聞くことができた。反省会で、教頭先生が我々のところに、ビールをつぎにきてくれた。

　「練習の時には、やっぱり、一昨年の子供達にはかなわないだろうと思っていたけど、本番はさすがだったわ。表情がとても面白かった。私の席の後ろの方でお母さん方がけらけら笑っていたわよ。」

　やはり「阿波踊り」は大うけの大好評だったのだ。主事さんにも

　「やっぱり、いいわねえ、阿波踊りは。」

と言われた。目が肥えてしまったまわりのなかでも一昨年と同じように一人一人輝いた。

5　運動会の練習─４５分でできること

　運動会の練習で、もうひとつ驚いたことがある。ふつうの教師は、学年の子供達に何分あれば、騎馬戦のチームをつくりあげられるだろう。

　向山先生は、学年男女１２０名の子供達を１０分でつくり上げてしまったのだ。正確に言うと、チームづくりだけなら、６〜７分、そのチームで、できるかどうかの確認をして１０分なのである。つくり上げたチームは、１００％の成功率で、不平不満なく、騎馬をつくって走りまわっている。特

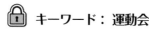
に配慮すべき子供もそのなかで、自然にとけこんでいる。

　人数が足りなくて、３人で騎馬をつくっているチームさえ、うまくできているのだ。どのようにつくったのか、うまく説明できない。

　気がついたら、男女とも４列になっていて、その横の４人がチームになっていたのだ。きつねにつままれたような、あっという間のできごとだった。

　４５分の授業で、徒競争のチームづくり、騎馬戦のチームづくり、「阿波踊り」のテスト、と３種類やってしまったのだから「芸術」としか言いようがない。むろん時間オーバーはしないのである。

向山の一言１２

阿波踊りは、個別評定をすることで、格段に上手くなる。その時の評価のポイントは「足」だけ見ればよい。

　審判の仕事は師尾先生とも何度か一緒だった。

　審判長の仕事は、リレーなどのように当日、判断する場面も出てくるが、運動会の係打ち合わせの時の児童への指導が重要だ。

　審判係の子供達に、どの学年のどの種目を担当するか決めさせ、その後、校庭で審判の練習をする。徒競走の着順決めは、自分たちの目で判断できるようにさせることが必要だ。

　ゴールに飛び込んでくる子供が何着か判断し、その子と手をつなぐまで瞬きもしてはいけないと指導する。それができるようになれば、当日は、教師が間違っていないかをチェックすればよい。５、６年生の審判係は、ほとんど間違えずに仕事してくれる。

　手をつないだ時、「頑張ったね。」の一声かけることも教える。

　雪谷小学校での阿波踊りは、商店街から出てほしいと依頼が来るほど盛り上がった。子供達は、のりのりで、１年生の席や敬老席に向かって踊っていき、拍手喝さい、アンコールまでもらった。

「連」ののぼりを作ったり、腰にひょうたんやひょっとこのお面をぶら下げたりと、子供達が自分たちで様々工夫していた。

　阿波踊りは、個別評定をすることで、格段に上手くなる。その時の評価のポイントは「足」だけ見ればよい。リズムと合っているか見れば、その他のことは、子供達が様々工夫し出すのを待てばよい。

　いつの間にか指導者が生まれ、できない子にはアドバイスする子供が出てくる。

　大きな声を出すことも子供を叱るようなこともない。短時間で指導ができ、学習時間を削って練習に充てるようなことはない。むしろ予定の練習時間が余る。

　「阿波踊り」「かっぽれ」「ニャティティソーラン」など、いくつかの運動会演目の指導を身に付けておくとよい。

板倉解説１２

個別評価・評定
子供は教師の評価・評定をきっかけにして、意欲を引き出すのである。

1　個別評定の前段である個別確認

　向山氏が個別評定に関して言及した最初は、『授業の腕をみがく』一部第二章「一人一人を確認する」の内容であろう。また共通する原則として、「子どもを動かす法則」をあげることができる。

　個別評定は一人一人への評定であり、その子の現在の達成度を数値で示すことである。個々へ評定するためには、まずは個別の確認ができなければ評定は成立しない。個別評定の前段階として、個別確認がある。指名なし討論の前段階に、指名なし音読、発言などが存在するように、である。

　一人一人の確認を向山氏はどのような場面で行ったのか。

　それは学習作業の場である。

例えば、地図で地名を確認させるのに指先を置かせる、漢字の筆順を確認するのに空書きをさせる、ハーモニカでどこを吹いているか分かるようにドレミの印を付けさせる、というようなことを例示している。

　こうした個別確認の仕方を、片々の技術とも向山氏は言う。個々の達成度を確認することにより、全体の達成率を確認するのである。

　個別評定は、その子のやる気や可能性を引き出すためのものである。子供は、教師に確認をされても意欲を沸かしたりしない。子供は教師の評価・評定をきっかけにして、意欲を引き出すのである。

　評価と評定の違いについては、１９８３年の学級通信「あのね」に詳述されているので参照されたい。「**評定とは、評価したことがらの中から数値化できるものを選んで記号化することである**」と向山氏は端的に述べている。

2　評定する際の重要な視点

　個別評定をするときの本質、極めて重大なポイントを向山氏は五つあげている。

1　評価評定する観点が明確であること
2　評価の内容として最も大切なのは「通俗からの脱却」
3　「評定」を判定することで、１０点満点の２点と、明確な判定をすること
4　評定は、向上をめざさせる、再度の挑戦をさせるべき
5　良さへの（かすかな）変化を見抜くこと

これらについて、さらに詳しく述べている。

1を身に付けるためには、本物を見ることだ。本物を見ておくことで他と比べることができる。
2の意味は、こうだ。跳び箱を跳ばせるのに高さを追求するような跳ばせ方。子供の考えを前もって短冊などに書いておくこと。このよう

な一般的には良さそうだと思うことを目指すのではなく、より一層立ち入って考え妥当性を追求することであり、それが当たり前から脱却することである。

3の明確な判定を言うときはぐずぐずせずにすぐにはっきりということ。

4は、10点満点で2点、と評定して終わりではなく、そこから何度も挑戦させること。

5はそうした挑戦の中でみえる微かな良さへの変化を見抜くこと。微かな変化を見付け、褒め、引っ張り出すのが教師の仕事。微かな変化を見抜く意志と変化をキャッチする力量とが必要だ。

　なお、教育評価・評定そのものについても、向山氏は新卒2年目にして大森第四小評価委員会の責任者として研究を深めていた。現在、唯一の教育評価雑誌である『指導と評価』をはじめ、評価研究の第一人者橋本重治氏の著作『教育評価法総説』、また外国文献など数多くの資料を渉猟している。

＜資料10＞　阿波踊り　1996年
　　　　　　師尾学級　3年生

キーワード　学芸会１－演技指導

この目で見た向山実践１３

> 学芸会指導は、オーディションで、半分出来上がりと言ってもよい。

1　学芸会―役作りとオーデション

　２年前は、私が学芸会の脚本を書かせてもらった。向山先生が、その脚本を添削してくれて、場面設定など多くのことを教えて頂いた。

　今年の学芸会は向山先生が是非、「ほんとうの宝ものは？」という劇をやりたいと言われ、それに決めた。１１月２１日、２２日が学芸会だというのに、何と台本が配られたのは、９月末のはやさだった。

　「オーディションをするから、希望の役を決め、練習しておきなさい。」
とだけ言っておいた。向山先生が、ある日、

　「今日、授業で、歩くだけ、登場するだけの指導をしました。面白かったですよ。」
と言われ、クラスでもやってみた。その頃から子供達ののりは、学年中にうずまいてきた。

　ある晴れた日の５校時、板倉先生が不在だった。３クラスの子供達を屋上に連れていき、オーディションの練習を行った。明るい太陽と吹く風が気持ちよく、屋上での学習に、最適の日であった。向山先生は、子供達に、

　「今から、オーディションの練習をします。はじめは、舞台に出てくるところだけテストします。」
と言われ、座っている子供達の前に、グループごとに呼び出した。阿波踊りと同じように点数を付けてやるのだ

　が、やはり、数名、めちゃくちゃ上手な子供がいる。長命国の老人の役の、あまりの上手さに、私は涙を出して笑いこけた。子供達の笑い声が、空にひびきわたり、本当に、のどかな、楽しい、絵になる一場面であった。

　「オーディションのやり方は分かりましたね。よく練習して、お家の人に

も見てもらうといいですよ。」

の向山先生の言葉から、今度は、家庭をまきこんでの、のりになってきた。

オーディションの日が近づくと、廊下で向山先生にせりふやふりを見ても

らう子供が見られるようになった。向山先生は、やさしく笑いながら、楽

しそうにやりとりする。見てもらった子供は、満足げに走り去っていく。

　オーディションの日、子供達の盛り上がりと上手さには舌をまいた。向山

先生は、

「オーディションで、半分出来上がりですよ。」

と言われた。確かに、オーディションの日はすでに多くの子が台本は無用に

なっていた。

　オーディションを１時間ずつ２回、せりふの調整１時間、４時間目には、

舞台で流すという驚くべきスピードであった。

　学年全員１２０名の子供が、必ず舞台で一言のせりふを言うというのが向

山先生の考えである。そうした子供への配慮が、すべての子供を生き生き

とさせ、阿波踊りのような、盛り上がりを見せる。

　５時間目は、チームごとに、①登場のし方　②退場のし方　③立ち位置

④せりふの声の大きさ　⑤せりふの表現の計５００点満点で点数を付ける。

　６時間目に、向山先生は、

「あなたの役について聞きます。どこの国の人ですか？　どんな人ですか？

ふだん何をしていますか？　何才ですか？」

と子供の役づくりに迫っている。子供達は、首をかしげながらも、自分の役

をイメージしていく。

　阿波踊りと同様、教師が指示することなく、子供達に任される指導方法

だが、一時間ずつ、着実に、目に見えて上達する子供達に、思わず拍手を

してしまう。

キーワード：学芸会１－演技指導

> 原点は、渡辺静穂先生（向山の小学１年の担任）の演劇指導にある。

　向山の演劇指導の原点は、小学校の１年生を担任してくれた渡辺静穂先生の演劇指導にある。

　渡辺先生の演出する劇は、白雪姫やアリババのような、いわゆる多くの小学校で行われていた童話などを基にした劇ではなかった。「めんこ」「じゃんけん」などの遊びをテーマにした、子供たちの日常を描写した生活劇だった。

　演劇コンクールの大会で幾度となく優勝してしまうほどの力量の持ち主だった。

　当時、私は本を読み、宙で言えるほどしっかり覚えていた。渡辺先生は、何度か、その覚えている話をみんなの前で話させたことがあった。

　また、足を痛めた私を背負って歩いてくれたことを思い出す。１年生の記憶であるが、はっきり覚えているのだから、印象深かったに違いない。

> 一演技指導とスタニスラフスキー
> 向山氏の演劇指導は、最先端の演劇理論に支えられていた。

1　演劇指導の背景にあるもの

　向山氏の演劇指導に関する指導法の原点は、次の２点があげられる。

①　小学校時代の恩師の演技指導を吸収する

②　学生時代の演劇理論から学ぶ

そのヒントが、知の蔵「ＴＯＳＳ一宮図書館」で見付けた千田是也『演

劇入門』（岩波新書）である。

　千田是也は、戦後、日本の現代演劇において最初にまとまった演技論・俳優術を表し、新劇界に大きな影響を与えた人物である。

　リアリズム演技の名教科書とも称された『近代俳優術』がある。私が、一宮で見付けた㊟15『演劇入門』はこれよりも後年の著作であるが、日本の演劇理論の基礎を簡潔にまとめてあり、とても読みやすかった。

㊟15

　この本には数か所折込みがあったが、その折込みページのどこに向山氏が関心をもったのか、何度読んでも私には推定できなかった。向山氏に尋ね、"身体的表現の明確化・典型化と、音声や態度やみぶりによる顔面表情の補足"の箇所であることが分かった。

　他の頁にも、いくつか折込みがなされていた。例えば次のところである。
① 「みぶり的ことば」の一節のところ。
② 「模」は「学」に、「倣」は「習」に通ず
③ 演劇の「劇詩的形式と叙事詩的形式」の対比表が示されている頁。

　向山氏がこうした内容に関心をもっていたことが見えてきた。

2　世界の演劇界に多大な影響を与えた人物

　私が購入した一冊の本ステラ・アドラー『魂の演技レッスン２２』（フィルムアート社）を提示すると、ぱらぱらと目次に目を通された向山氏が一言、「何か似ているねえ」。

　実は、私もその本を一読した時に、向山氏の演劇指導と共通する部分があると思い、向山氏に確認してもらったのだ。

　私が

「このステラは、スタニスラフスキー（著書『俳優修業』）に直接指導を受けたお弟子さんのようです」

と話すと、向山氏は、

「スタニスラフスキー？その人の本は、大学時代読んだ覚えがある」

と驚かれた。

　スタニスラフスキーは、リアリズム演劇を確立し世界の演劇界に多大な影響を与えたモスクワ芸術座の創設者の一人であり、現代の演劇理論を創り出した人物である。

　スタニスラフスキーのお弟子さんがステラで、しかも、その彼女が育てた俳優の一人が二十世紀最高の俳優といわれるマーロン・ブランド（「ゴッドファーザーⅠ」のドン役はアカデミー主演男優賞。最高のギャラをとるのでも有名）である。彼が、ステラの本に序文を寄せ、そのなかでスタニスラフスキーとステラへの賛辞を綴っている。

　千田是也の『演劇入門』の折込みにあった言葉や表も、スタニスラフスキーの演技論や劇作家のブレヒトや演出家チェーホフなどに関わってくることが調べていくにつれて分かってきた。

　向山氏の演劇指導は恩師の渡辺先生だけではなく、向山氏の大学時代や若手の教師時代にも学んでいた。当時最先端の演劇理論などに接していたことも背景にあったことが推測される。

＜資料11＞

> **学年通信　アバウト No.23　1990.11.5　　学芸会　タイムワープ**
>
> 　学芸会の練習がはじまりました。この世に二つとない劇です。師尾が台本を書いてみようかということになりました。翌々日、私は恐る恐る書き上げた台本を出しました。
>
> 師尾　（謙虚に）「もしよかったら採用してほしいんですけど。」
> 若手二人　　　　「もう書いたんですか。」
> 向山　　　　　　「才能は問いません、これでやりましょう。」
>
> 　こうして、私の書いた台本「タイムワープ」は日の目を見ることになりました。向山先生は、台本が真っ赤になるほど添削して下さいました。K先生は、台本の下に効果音・道具をバッチリ書き加えてくれました。N先生は場面設定のアドバイスをくれました。そして出来上がった台本です。子供達も気に入ってくれて、いよいよ練習に入りました。

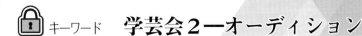

🔒 キーワード　**学芸会２―オーディション**

この目で見た向山実践１４

> 演技の寸評は、緊張あり、笑いあり、そして、変化する。

　研究授業の一週間前に学芸会がある。

　向山先生と同学年を組み３度目である。１回目は、私が台本を書き、ずいぶん直してもらった。２回目は、「本当の宝物」をやった。今年は、いろいろ探しては見たものの、いいものが見付からず、結局、私が書くことになった。

　　①　全員がせりふをもち舞台に上がる。

　　②　オムニバス風に、いくつかのまとまりでできている。

　２つが、向山先生からの注文である。

　子どもが１００人いるので、１００以上のせりふを考えればいい。場面をいくつか構想して、向山先生にお見せした。オーケーを頂き早速書き始めた。

　題は、「地球ＳＯＳ　環境探検隊」

　地球環境をテーマにしている。

　　①　火星に行き、火星人からすごいパワーの石を貰う。

　　②　月に行き、かぐやひめに会い、テレパシーを授かる。

　　③　海底国に行き、命あるものの大切さを知る。

　　④　ダイヤモンド惑星に行き、人に役立つ教育の大切さを知る。

　「ボランティア教育」「火星の石」「見てるだけー」のザーマス隊。書き下ろしでしかできない、やりたい放題、し放題。

　書き上げ、早速、向山先生に赤を入れて頂いた。赤の入った台本は、引き締まり、かなり、グレードアップした。

　向山先生自ら印刷して下さる（思い立ったら、どうにも止まらない。私たちは、あっけにとられ、手伝うだけ）。２０分の休み時間で済ませてしまう

速さ。他学年は、放課後たっぷり時間をかけ、台本をあげている。

　4〜5日したところで、子供達から、「オーディションはいつやるの？」とうるさく催促され、盛り上がったところで、オーディションを行った。

　向山式オーディションは、いくつか特徴がある。はじめは歩くだけのオーディションである。やりたい子供達が教室の戸口から入ってくる。なかなか演技できない子供に向山先生の声が飛ぶ。

　「ただ、歩いてるだけじゃん。」

　「ただ、よたってるだけじゃん。」

　つぎつぎ出てくる子供達に面白おかしく寸評する。見ている子供達は、演技と寸評を照らし合わせては大笑い。その指導方法は、阿波踊りの指導と共通する。緊張あり、笑いあり、そして、変化する。

　ザーマス言葉で、派手な奥様風の「ザーマス隊」に男の子が挑戦してくる。これが結構面白い。歩き方ひとつとっても、かなり。不気味な味をだして、おおうけである。楽しく盛り上がったところでチャイム。余韻をのこして終了。「Q＆A」ではないが、まわりを盛り上げる寸評の技術は、どうすればできるようになるのか。寸評の後の何気ない、子供とのスキンシップに温かさが広がる。

向山の一言14

演劇指導も個別評定で、確実に上達し、やる気を引き出す。

　向山の演劇指導では、オーディションの仕方に注目されることが多い。師尾先生が詳細に書いているとおりである。

　オーディションは実に楽しいが、初めの方は厳しくしてよい。子供達は、何度も挑戦して上手くなる。

　はじめは、舞台に登場する出方だけを評定する。最初は、少しでも工夫が見られれば、よい点を付ける。子供達がそれに気付き、さらに工夫を重ね始める。

そうなれば、加速的に上達する。そして、その日のうちに全員合格にもっていく。

　個別評定を2回、3回と経ていくと、評定されることが苦手だった子も平気になり、そこからはやる気へと変化する。

　練習は、オムニバス形式にすると、それぞれの場面ごとのグループで、並行して練習することができる。

　練習は、いつも場面のグループ別で集合する。

　例えば、

　Aグループは、舞台に上がって演技する。

　Bグループは、舞台の前でAの演技を見て、感想や意見を言う。

　Cグループは、(舞台練習後)体育館後方で、練習をする。(板倉先生が担当)
※舞台練習をしたグループは、私の助言や観客グループの感想や意見をもとに、体育館後方で、自分たちの演技を振り返りながら練習する。

　このA〜Cのグループがローテーションで回っていき、1時間の授業の中では、どのグループも舞台での練習を一回終える。
授業の終わりには、また初めのように集合し、次回の課題を共有して終える。
師尾先生や板倉先生は、背景のスライドを映したり、音響照明を調整したりして仕事を進めている。

　このように、すべての仕事が並行して進み、練習の度に確実に上手になる。
1時間の練習にシステムがあるから、子供達は、練習の流れに乗り、見通しをもって安心して取り組むことになる。

板倉解説 14

学習意欲や動機づけ理論
学芸会は、「舞台に出る」こと以上の教育効果、価値はなかなかない。

キーワード：学芸会2―オーディション

1　向山氏は、自身の演劇指導の特徴を、次のように語っている。

　子供の可能性を最大限に伸ばす手立てこそ教師の演出力である。
　授業には演出は必要である。では演出とは何か。それは「教室」と
いう舞台で、「授業」という演劇を指導しながら「子供」という役者から、
その可能性を最大限に引き出す手立てである。そして、基本方針とし
て次の2つを掲げる。
　第1は、全員を出演させること。舞台に出るということ以上の教育効果
は考えにくい。
　第2に、全員に一つ以上のセリフを言わせること。一言のセリフを何通
りもの表現で表す素晴らしい授業を教室でしても、学芸会という場で、
大勢の観客を前に、たった一言のセリフを言った体験にはかなわない。

　「舞台に出る」こと以上の教育効果、価値はなかなかないこと、評定の仕
方については、向山氏がよく言われる「修羅場に立つ、勝負やけをする」
という教師修業と同様の大切な意義を、子供達の成長にも込めているもの
と考えられる。
　さらに実際の現場体験の重視は現代のＳＴＥＡＭ教育にも通じるものが
ある。
　向山氏は役づくりを子供に教えない。役づくりは子供がするのである。私
は子供の工夫を評価してやるだけであるとも強調した。
　この「評価するだけ」ということは、極めて重要な意味をもつ。
　子供がしたことに対して、○や×などで評価評定すること、または判定と
いってもよい。
　この○、×と、結果の知識を知らせることを「フィードバック」という。
　結果を知ることで学習者は自分の学習の情報を得て、学習の仕方を調整
し、また動機づけの効果をもつことになる。
　ブックとノーベルの研究（ａの文字を書く練習のたびに結果を知らせた
群の方が、知らせない群より上達した。途中で条件を逆にするとやはり知
らせた方が上達した）などでよく知られている。

このように、評価をすることは即学習意欲にも関係してくる。

2　学習意欲を高めるための理論化

　学習意欲とは、心理学では、動機づけあるいはモチベーションといわれる。成功体験の積み重ねがやる気を育てるわけであるが、向山実践を考えた時、大いに関連するのが自己決定理論やフロー理論である。

① 　デシとライアンの自己決定理論

　その行動によってもたらされる内面的な楽しみや意義を動機として決断を下す（内発的動機づけ）。その際に、人が求めるのは有能感、自律性、関係性の３つであり、この３つが満たされる時、人は内発的動機づけを維持できる。

　デシとライアンは、子供達は生まれつき創造力や好奇心をもっており「学習と発達を促進するよう内発的動機づけがなされている」という前提から出発した。けれどもいつも内発的動機が機能するわけでない。

　そこで重要なのは「外発的動機づけ」である。３つの要因を促進する環境を教師がつくることで、子供のモチベーションを上げることができるという。

　　有能感・・・やり遂げることはできるが簡単すぎないタスク、子供の現
　　　　　　　在の能力をほんの少し超える課題を与える。ヴィゴツキー
　　　　　　　の発達の最近接領域（『思考と言語』）や根本正雄氏の終末
　　　　　　　局面開始の原則に通じる。
　　自律性・・・自分の意志で取り組んでいるという機会を設定する。（選択
　　　　　　　制の原理）
　　関係性・・・教師に好感をもたれ、価値を認められ、尊重されていると
　　　　　　　感じる時である。
　これと類似する理論にフロー体験がある。

②　チクセントミハイの注16「フロー体験入門」（ポジティブ心理学）

注16

　フロー体験とは、活動への完全な没頭を意味する。そのためには、価値のある目標と、直接的で素早いフィードバックと、適度な難しさのある課題への挑戦、そして自発的な活動であることが要求される。

　こうした心理学の理論を様々学ぶにつけ、向山氏の学級経営や授業理論、ＴＯＳＳ特別支援教育の主張との共通性を感じてならない。

＜資料12＞

学年通信　ウェイ No.2　1992. 5. 1　　教員室のひとこま　メダカの話

　今、理科教材でメダカを飼っています。

理科主任 「泳いでいるメダカの水そうを回す装置を購入しましょうか。反
　　　　　応が面白いようですよ。」

師尾　　 「面白そうですね。高いんですか？」

板倉　　 「メダカを回す！ぼくはあまりそういうのは好きではありません。
　　　　　自然が一番です。」

師尾　　 「そうです。そうです。その通り・・」（コバンザメロロオ）

　１組はもう卵を産んだそうです。向山先生のポケットマネーで買った水草のおかげのようです。メダカにもやさしいお二人でした。私も今日、水草を買ってきます。

第7章

27年後の学年会

雪谷小3人会―浅草「みよし」にて

テープ起こし　板倉弘幸

学年会1　スタニスラフスキーと『ガラスの仮面』

板倉：ガラスの仮面の漫画がありますよね。あの話はスタニスラフスキーの演技理論からきていて、ストーリーができているようです。ガラスの仮面が全部ここからでていると演出家の平田オリザ氏の本に書いてありました。

師尾：へー、もとはこれなの、へーえ（さらにひときわ大きく）

向山：ガラスの仮面は全部読んだよ。

師尾：私も全部を読みました。

板倉：あそこでやっているのが、役になりきるんですね、何かに。

師尾：そうそうそう。

板倉：あれ全部ここから、スタニスラフスキーの演劇理論からとりいれているようです。

師尾：へえーそう、こっちは読んでないけど、分かるような気がする。

板倉：ただやりすぎじゃないかと平田オリザさんは書いていましたけどね。

向山：俺さあ、スタニスラフスキーを読んだのは、大学生の時位かな。

板倉：そうですよね、先生が以前、仰っていました。

向山：もう５０年以上前だね。それは学大の中の演劇部の人がしゃべっているのを何回も聞いていたからね。その名前（スタニスラフスキー）が出てくるんだよ。

師尾：あのガラスの仮面の主人公、北島マヤですね。（なつかしそうに）

向山：マヤか、北島マヤか…

板倉：疲れた様子を表現するのに、自分で雨に打たれて、風邪ひいて、役になりきるように努力をしたそうです。それから、木になりなさいと言われたら、木になりきって、そこを校長先生が足で蹴飛ばして、痛がっちゃだめだと、というのですね。（笑い）それで、「そういうのはやりすぎじゃないか」と平田氏は自分の本で述べていました。

師尾：へえー、でもそれすごいね。

板倉：千田是也の本もほんとすごく細かいのですよ。セリフの発音の仕方からいろいろあって。

師尾：千田是也ねえ、

向山：彼は、日本の新劇の指導者だったよね。

師尾：向山先生も知っているの？

向山：もちろん知っているよ。

師尾：有名なの？

向山：「なんだ、これや（是也）！」って言ってたけどさ。

板倉：心の叫び（向山先生のめったにないダジャレに、つい板倉は大きな
　　　声で笑ってしまい、それにつられてか向山先生も笑う。師尾先生は
　　　反応特になし！？）

学年会2　日本教育新聞のアンケート回答

向山：これは、板さんが書いて、持ってきた物かな。
　　　（とプリントを見る向山先生）

板倉：はい、それは、私が持ってきたレジメです。

師尾：今日の会議、3人会のレジメですよ。

板倉：1番はじめはこれです。（たくさんの書類から取り出して示す。）

師尾：今日のレジメ。はい。
　　　（と言って、向山先生の書類の中から取り出して渡す。）

板倉：3段目、これは貴重だと思ったんですけど。日本教育新聞でアンケー
　　　トに先生が答えられたものです。

向山：ええっ（と驚く。）

板倉：昭和59年ですけども「教育改革への注文」というテーマで、先生
　　　がそのアンケートに記入されているんです。

向山：へえー。

板倉：2枚目の最後に"向山洋一"とご自分でお書きになっています。記
　　　述の部分は、間違いなく先生の字体です。そのころの先生のお考え
　　　がそこに表れていると思います。

向山：へえーー。（手に取り、じっと読む。）

向山：へえー、これ、もろちゃん、持ってて！　俺が持ってると無くしちゃ

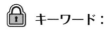

うから。

師尾：コピーしておきたいですね。

向山：もろちゃんやってね。それぞれでコピーしておこう。じゃあ、とりあえずは、谷先生に渡しておいてね。

師尾：すごいこれ、このアンケート貴重（カチャンと箸と皿の音）

向山：貴重だあ。

師尾：ねえ、烏賊食べない？

板倉：心の叫び（ここでも、師尾先生の「御膳様」の本領発揮。向山先生がしみじみと「貴重だあ〜」と、師尾先生の後を受けて、応対辞令しているにもかかわらず、間髪入れずに、向山式音読指導の追い読みの如く重ねるようにして）「ねえ、烏賊食べない」である。畏るべし、恐るべし。）

学年会3　全国各地へのサークル訪問の構想

師尾：いま、各地のサークルを訪問しようと計画しているの。

向山：行こう。

師尾：先生の足が治ったらサークル訪問行こうね。ああっ、板さんも一緒に行く？

板倉：いえいえ、畏れ多いですよ、もう・・・。

師尾：なんで？

板倉：私はもうこの会で十分です。あっhhhhh。

向山：ははは

師尾：ふふふ

板倉：心の叫び（三者三様の笑い声、それぞれ含むところが微妙に異なるのが分かる。とくに私のは突出して、お二人とは違っていた。恥ずかしながら・・・）

師尾：板さんは、ほんとに遠慮深いね。私は向山先生と一緒にあちこち行けてうれしいけど。今度は、サークル訪問しようってね。

向山：それで、たまには一緒に、おいしそうなところとかさ、・・・うん？

でも、板さんは、おいしそうなところじゃだめかあ・・・。

師尾：そう、板倉先生、興味示さないもんね。

向山：だったら、古い遺跡があるぞ、歴史があるぞとかさあ。

師尾：ほんとうに食べ物に反応しないからねえ。

向山：うん、反応しない。

師尾：そうですよね。

板倉：いえ、そんなことないです。（あっはははあ）。これまでお二人とご
　　　一緒して、もう食べ物は、味わい尽くしちゃったんです、私は。

師尾：だってさ、私は、まだ味わい尽くしてないもん。

向山：異議なし！尽くしてない！

師尾：それで、とにかくサークル訪問を計画したの。そしたら恵理ちゃん
　　　がね、先生の体を健康にしなきゃいけないから、それは、どんどんやっ
　　　てほしいと言ってもらったの。

向山：やろう、やろうよね。

板倉：そうしたら喜びますよねえ、全国の人が。

師尾：でも基本的に、サークル訪問といっても会議３０分、飲み会２時間と
　　　いう感じでやってほしいですね。

向山：そうだね。

板倉：あｈｈｈ、さすが。

向山：ね、それがいい。

師尾：で、やはり全員としゃべるなら１０人位がいいよねって。

向山：または２０人位と・・。

学年会４　名取監督（向山の娘婿）との談話と永遠不滅の雪小学年会

師尾：名取さんとお話しする時があって、『今、板さんと浅草なんだ。一緒
　　　に本作ってるの』と話したの。
　　　『分析の板倉、エピソードの師尾、コメントの向山の本なの』と言っ
　　　たら、『それ、面白そうですね。』と監督が言うの。
　　　『映像全集の仕事とこの本と調べる所が一緒で、板倉先生、楽しくやっ

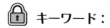

てるよ』、と言ったら、『板倉先生には、お世話になっています』と言っ
てたけど、お世話してんの？

板倉：というか、今度の谷先生の質問事例を考えているんです。

師尾：ふーん、いいねえ、そういう難しいこと好きで・・。

向山：うははははは。（と呵呵大笑）

板倉：基本の質問ですとか、井上先生からは「重箱の隅を突いたような質
問」を作ってとか・・・。

向山：頼んだ？日本酒も。

師尾：頼みました。どうせ後から飲むでしょう。

板倉：手順があるんですね。

向山：そう、手順が、あはは。

師尾：まずビールから？

師尾：はい、かんぱーい。

向山：ご苦労様。

板倉：ありがとうございます。

師尾：今、録音しているからね。

向山：でもさあ、まだ学年会できるのが凄いよね。

師尾：学年を組んだのは、もう３０年近く前ですよ。おまけに昔の思い出話
だけじゃなくて、本（この目で見た向山実践とバックボーン）づくり
ができるんですものね。

学年会５　板さんの『脳トレ絵本　はじまり物語』行商記

板倉：昨日、脳トレの「はじまり物語」の絵本（騒人社）、１セット売りま
したから。

師尾：ありがとうございます。うれしい。（あははっ）

板倉：家内のお友達が来たんですよ。久しぶりに。飲みましょうということ
で夕方自宅に２組の方が来たんです。一人の方は社長夫人なんです
よ。もう一人の女性もキャリアウーマンで部下も何十人といるらし
いんです。

師尾：へーそうなんだ。お金持ち系なんだあ。

板倉：そういうお二人だからもしかして、購入してくれるかもと思って、私は乾杯だけ一緒にして、つまみを一口頂き、私だけ「では仕事があるので」と自分の部屋に上がってしまったんです。

　　　それで、頃を見計らって「実はこういうのがあるんです」って（笑い）奥付の名前を見てください、って、「向山、師尾」という先生方も昔学年を組んだことがある先生方なんです。一緒に出させてもらいました。って言いましたら、早速ご覧になって「これは面白いわ」とめくりながら「孫がいるので、小学生でも大丈夫かしら？」と聞かれたので、「大丈夫ですよ」と言って、すぐその場で購入していただきました。

向山：よかったねえ。

師尾：うれしいー。

師尾：8割でいいですか。7掛けにしましょうか。

板倉：「書店で売ってますか」と尋ねられたので、騒人社で売ってます、と言うことも考えたのですが、取り急ぎ自宅にあったものを渡しておきました。

師尾：えー、本当に。じゃ、ほかにも預けておこうかな。5セットくらい

板倉：そうですね。6日に義母の一周忌をします。そこに孫たちが来ますから。

師尾：えっ！そこで売り込むの？

向山：これどうですか、全国の学校で人気の本だ、というふうにね。

師尾：でも、初めて三人の名前が載った本だからね。これは。よく考えると

向山：そうだね

板倉：はい、ちょっとがんばります。

師尾：そうだよね。三人の名前が初めて載ったんだから。

板倉：それから、また今度は師尾先生の本で名前をのせてもらえるように・・・

師尾：でも、あの絵本は好評？

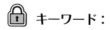

板倉：ええ、評判いいですよ。

師尾：ちょっと難しかったかもね。でもそのつもりでやったから。

板倉：それで、今度は勤務校の図書室の司書さんにもお話しておきましたので、学校でも購入してもらうよう頑張ります。

向山：ああ、すごい！それは、ご苦労様。

板倉：（後日、学校の図書室と通級学級と合計二セット購入。）

師尾：私もやっと今の本の編集が終わりそうだから、終わったら、3人の本の組立を考えていきます。この連休明けには何とかしようと思っています。

学年会6　懐かしの音読詩集

　10個のマスが付いていた音読集に向山先生はびっくり

板倉：この音読詩集、昔からありますよ。

向山：なつかしいねえ。

板倉：収録されている数は、詩集によってばらつきがありますね。K社の音読詩集が、10マス付けたんですよ。

向山：どこ？

板倉：チェックのところ、最初のところです。

向山：どこ？　あ、ああ！（と、唸るようなあきれたような声）

板倉：そうなんですよ！！日付にも使えます、と書いてありますが。

向山：なるほどね。向山の○10個とは意味がちがうね。

師尾：この教材は、昔ながらのですよね。・・・全部？

板倉：そうです。全部持ってきてみました。

向山：これは、何を書かせるんでしょうね。写しましょうか、なるほどね。これは、学年別になっているね。

板倉：これは値段が安いんです。他はどれも340円で、K社は330円。

向山：へー、330円がこれ？

師尾：あるってことは売れていることだよね。

板倉：ええ、出ているってことですよね。

師尾：ロジックが違って、この前、正進社の社長さんが今の「話す聞くスキル」をつくる時、こういう音読詩集みたいなものをイメージしていたらしいのよ。で、それが全く違うものを提案されてびっくりしたって言っていて、向山先生の提案どおりでよかった、すごいって言っていました。

板倉：そう、あの下の欄に授業形式で示されているのは他の教材にはないですからね。１０個の音読チェックの○も・・。

向山：他の人が作っているのと同じものを作るんだったら意味ないからさあ。

師尾：そうですよね。それで、正進社の社長さんは『話す聞くスキルには驚いたって』いうことですよね。

＜資料13＞　シンガポール視察　2013. 11. 10

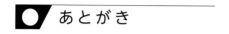

あとがき

いつまでも志とロマンを共有して

板倉弘幸

　新卒以来、紆余曲折を経て苦節15年、師尾先生に遅れること3年目にして、向山・師尾両先生と遂に念願の学年を組みました。

　同学年を組んだ3年間は、それぞれが役割を担っているという感じでした。例えば、向山先生は主に決断役、あとの二人が実務やサポートの中心。もちろん向山先生も実務は行います。そして取り組む際には、打ち合わせは数少なく、しかも細部まで詰めなくても、自分がすべきことも自然と取り組んでいるという感じで、全くのストレスフリーでした。また、授業論はもちろん、これからの新しい教育課題もつねに話題にあがるといった研究的学年でした。

　さて、当時のような学年会が、昨年から毎月一回、昼時の浅草で行われるようになりました。その時、師尾先生のデビュー作『この目で見た向山実践』を新しい構成にした新版が作られることをお聞きしました。正直、私も書きたいと密かに切望していたところ、何と執筆メンバーに加えていただき、望外の喜びを得ました。

　幸い、同時期に向山洋一映像全集編集にも関わることができ、向山実践とは何であったのか原理原則や背景についてこれまで以上に研鑽、追究する機会を与えていただきました。そのおかげで、向山全集や年齢別記録集、ツーウエイ、関連本等も多数勉強し直し、新たな知見を蓄積し、解説にまとめました。

　本書の解説以外でも、すでに向山先生の生活指導、行事指導、算数指導等、次巻の解説執筆にも着手しました。本書が多くの人の手にわたり、2巻、3巻とシリーズ化できることを願っています。

向山実践を解明する

　　　　　　　　　　　　　　　　師尾喜代子

　教師を定年退職し、騒人社の「本作り」の仕事を引き継いで、もうすぐ
十年になります。その間、脳トレ絵本を中心に自分が作りたい本を制作し
てきました。
　教師生活の中で、向山先生と同学年で過ごした５年間に、多くの執筆の
機会を得て、「この目で見た向山実践」「集団を統率するには法則がある」
など、たくさんの財産ができました。
　向山先生の驚くべき実践の数々を目にし、その向山実践の本をいつか騒
人社から出版したいと考えていました。
　向山先生、板倉先生と師尾の TOSS 教師３人が同学年になるという幸せ
に恵まれ、そのご縁が今なお続いています。
　月に一度の３人会は、昔話に終わることはなく、いつも仕事の話をして
いました。向山先生と板倉先生が難しい話をしている時は、師尾は、理解
については追究せず、食べながら頷きごまかしてきました。
　第７章のその後の３人会をお読みいただければ、師尾の心境は、ご理解
いただけると思います。追究したい方のために、板倉解説によって、向山
実践を深堀してあります。
　向山先生の「どの子も大切にされなければならない一人の例外もなく」
の理念が貫かれた実践、子供を大切にするとはどういうことか、多くの教
師に伝えるための本です。教師の仕事の素晴らしさがお伝えできればうれ
しいです。

【筆者紹介】

向山　洋一（むこうやま　よういち）

東京都出身。東京学芸大学社会科卒業。東京都大田区の公立小学校教師となる。日本教育技術学会会長。NHK「クイズ面白ゼミナール」教科書問題作成委員、千葉大学非常勤講師、上海師範大学客員教授などの経歴をもつ。モンスターペアレント、黄金の3日間、チャレンジランキング、ジュニアボランティア教育など、教育にかかわる用語を多く考案・提唱している。

板倉　弘幸（いたくら　ひろゆき）

台東区立大正小学校を定年退職後、再任用5年間を経て、同校で現在非常勤教員。主に算数指導関係の著書・編著・校閲本がある。「教育トークライン」誌等の校正や法則化サークル浅草での研鑽を通して、今も修業中。

師尾　喜代子（もろお　きよこ）

世田谷区・大田区立小学校勤務し、定年退職後、株式会社騒人社の代表取締役。「アタマげんきどこどこ（絵本）」「脳トレ絵本はじまり物語」「キーワードで教えるSDGs」など、教師目線の書籍を出版している。

―この目で見た向山実践とバックボーン―

2020 年 7 月 3 日　　初版発刊

発行者　　師尾喜代子
発行所　　株式会社　騒人社
　　　　　〒142-0064　東京都品川区旗の台 2-4-11
　　　　　電話 03-5751-7662　会社 HP　http://soujin-sha.com/
印刷所　　株式会社　双文社印刷